知心教育

故事文集

王凤岭　主编

图书在版编目（CIP）数据

知心教育故事文集/王凤岭主编.
—北京：世界知识出版社，2013.9
ISBN 978-7-5012-4526-0

Ⅰ.①知… Ⅱ.①王… Ⅲ.①小学教育—文集
Ⅳ.①G62-53

中国版本图书馆CIP数据核字(2013)第197248号

书　　名	知心教育故事文集 Zhixin Jiaoyu Gushi Wenji
主　　编	王凤岭
责任编辑	柏　英
责任出版	刘　喆
责任校对	马莉娜
出版发行	世界知识出版社
地址邮编	北京市东城区干面胡同51号（100010）
投稿信箱	xueshuchuban@126.com
照排印刷	北京市兰翎印刷有限公司
经　　销	新华书店
开本印张	787×1092毫米　1/16　16 印张
字　　数	255千字
版次印次	2013年9月第一版　2013年9月第一次印刷
标准书号	ISBN 978-7-5012-4526-0
定　　价	26.00元

编辑委员会名单

目 录

前　言

骆　汶

2010年，织染局小学刚刚到任的王凤岭校长经多方走访调查，全面了解学校的实际情况，提出了“同在蓝天下，请学生享受知心教育”的办学理念，为学校全体教职员工认同，“知心教育”成为织染局小学师生共同的价值追求。干部、教师在近四年间积极磨合，在沟通、理解、付出、研究、实践、合作中收获成长、收获幸福，学生、教师、学校共同发展。

本书集结了织染局小学全体教师在成长中的小故事，诠释着对教育、对学生、对教师职责的理解，字里行间体现着这支团队的担当、执著、大爱、严谨、坚守，共同的目标促成了干部教师的共同追求，教师们在沟通交流中相互理解、相互学习，“关注学生的发展、成就孩子的未来”已成为织染局小学教师团队工作、生活的习惯。尽管一些老师的“故事”略显稚嫩，对“知心”的理解尚浅，部分观点有待商榷，但这是教师们在成长中的真实记录。相信学校会以此作为教师发展的新起点，教师们在共同的研讨交流中发现问题，会对“知心教育”的内涵有深刻的理解，在教育实践中为实现学校的愿景成就自己、成就学生。

从孩子们的写作当中，我们也或多或少读出了织染局小学教师队伍的风采。

向织染局小学全体师生致敬！

2013年7月

交流 沟通 影响 改变

副校长　周京胜

在当今的社会工作中，不再有哪项工作只靠一己之力便能完成，不会再出现三国时代赵云单枪匹马在曹营杀个七进七出了，即使在2000多年前的那个时代，不是曹操说的“我要活赵云，不要死子龙”那一句话，估计赵云早就在长坂坡战死沙场了，就不会有三国时期的常胜将军了。被美国福布斯公司评为世界上最聪明首席执行官的第二位、创造中国网络市场奇迹的马云，在接受采访时也不无感触地说，团队合力要大于个人的力量。即使你有再强的创新能力、再大的才能、再大的精力、再强的事业心，也不能做到完美，单打独斗的时代已经一去不复返。

既然要靠人与人的合作，就不可避免进行交流、沟通、影响、改变。交流、沟通是人与人之间、人与群体之间思想与感情的传递和反馈的过程，以求思想达成一致和感情的通畅。通过交流与沟通协调工作方式，通过交流与沟通来完善工作质量，通过交流与沟通来实现情感的融通，通过交流与沟通来实现积极的影响。影响是使之改变的前提，改变是结果，改变是发展，也是最终的目标。在人类生活的地方，交流、沟通、影响、改变随时都在发生着，有时是积极的，有时也存在消极的，关键是我们如何去追求积极的，就需要我们利用头脑，智慧的选择。下面这个故事就会给我们带来很好的启示。

有一位禅师，走在漆黑的路上。因为路太黑，行人之间难免磕磕碰碰，禅师也被行人撞了好几下。他继续向前走，远远地看见有人提着灯笼向他走过来。这时，旁边有个路人说道：“这个瞎子真奇怪，明明看不见，却每天晚上打着灯笼。”禅师也觉得非常奇怪，等那个打灯笼的盲人走过来的时候，他便上前问道：“你真的是盲人吗？”那个人说道：“是的，我从生下来就没有见过一丝光，对我来说白天和黑夜是一样的，我甚至不知道灯光是什么样子的！”禅师更加迷惑了，问道：“既然这样，你为什么还要打灯笼？你一直都不知道灯光是什么样子的，灯光给人的感觉是怎样的。”盲人说：“我听别人说，每到晚上，人们都变成了和我一样的盲人，因为夜晚没有灯光，我就在晚上打着灯笼出来。”禅师听完了感叹道：“原来你做的一切都是为了别人！”盲人沉思了一会儿，回答道：“不是，我为的是自己。”禅师更迷惑了，问道：“为什么呢？”盲人答道：“你刚才过来有没有被别人碰撞到？”禅师说：“有呀，就在刚才，我被两个人不留心碰到了。”盲人说：“我是盲人，什么也看不见，但我从来没有被别人碰到过。因为我的灯笼既为别人照亮了前行的道路，也使别人看到了我，这样他们就不会因为看不见而撞到我。”

这就是一位盲人和禅师的交流，这种交流和沟通不是很有价值吗？还有一个例子也很能说明问题。

三国时期的刘备为了成就自己的霸业，经司马徽的推荐三顾茅庐求见诸葛亮，经历了千辛万苦终于见到了诸葛亮。在诸葛亮的茅屋中，刘备向诸葛亮询问自己成就霸业的途径。诸葛亮对刘备说：“将军要想成就霸业，您可以让曹操占天时，孙权占地利，将军可以占人和。您先取荆州为家，随后再取益州，得了二州您才能与曹操、孙权抗衡，和二家成为鼎足之势。占了二州以后就要内修政理、外联孙权，时局一旦发生变化，您就派一员大将出荆州向宛城进攻，您带兵出秦川，两路夹攻曹操，可统一天下。”简单几句话为刘备成就霸业指明了方向。得诸葛亮前，刘备到处委曲求全；得诸葛亮后，刘备成就了三分天下的霸业。这就是交流、沟通的作用。这次的交流与沟通，提升了刘备对时局的认识，明确了他今后发展的目标。刘备是受益者。

我们生活当中其实也存在着许多有价值的交流与沟通，看你如何去借助交流和沟通实现心灵的碰撞、思想的汇集、行为的影响。在今年的某艺术院校招生中，有这样一位上海女孩。她学习成绩非常优秀，母亲希望她能够考取复旦大学，然后寻找一份稳定、优越的工作，可是她非要报考中国传媒大学新闻播音主持专业。母亲问她为什么？她说她一直非常欣赏中央电视台的著名播音员罗京，罗京的播音给她留下了深刻的印象，罗京的去世给她带来了很大的震撼，就是这么一个人物对小女孩带来了深刻的影响，使小女孩改变了自己的人生选择。这就是影响的作用。记得教研室戈海宁主任曾经说过一句给我留下了很深印象的话：“与什么样的人同行决定你走多远。”这句话意义深远，很大程度上是讲与高智商的人同行会对你的人生起到很好的影响，会使你更加科学、系统地思考问题，会帮你左右自己的人生发展。这样的人会给你积极的人生影响，会使你具有更高的人生目标，会使你具有更加远大的抱负，从而帮助你实现人生的改变。

生活中人需要改变，需要不断的改变，这样的改变就是发展。如果你继续做你过去一直做的事情，继续用老的方法思考，你就会继续得到过去的结果，不会有所改变。如果改变你想的和你做的事情，你就会得到不同的结果。走出你的安乐窝，改变你的思想和行为，就会取得成功。下面这个故事就是改变思想的一个经典。

很久以前，人类还是赤脚走路。有一位国王到一个偏远的乡村去旅行，路面崎岖不平，很多碎石子扎得他的脚又痛又麻，他非常恼怒。回到王宫后，他下了一道命令，要将全国所有的道路都铺上一层牛皮，让大家不再受刺痛之苦。但是，即使杀尽了所有的牛也凑不到足够的牛皮，而所花费的金钱、动用的人力更是难以估计。虽然这个想法很愚蠢，也做不到，但因为是国王的命令，大家只好摇头叹气，唯命是从。一个聪明的仆人向国王谏言："国王呀！为什么要兴师动众牺牲那么多牛、花费那么多钱呢？您何不只用两小片牛皮包住您的脚呢？"国王听了以后很惊讶，也立即领悟了他的意思，于是，立刻收回成命，采纳了仆人的建议。据说，皮鞋就由此而来。

现实生活中，改变自己远比改变外部世界容易得多。因此，要更好地适应社会，首先要学会改变自己，改变常规的思维方式，就会取得意想不到的效果。

变则通。口香糖是美国人的杰作，在刚问世的时候和其他商品一样摆在商店里销售。人们对它不是很了解，问津者寥寥。这时经营者采取了两条措施：第一，按电话簿的地址给所在地的所有家庭免费送四块口香糖，一共给 150 万户家庭送去 600 万块口香糖。孩子们吃完了送去的口香糖后吵着还要吃，家长只能去买，市场由此打开；第二，实行回收口香糖纸的促销方式，顾客每送回一定量的口香糖纸，可换得一份口香糖。于是，孩子们为了得到更多的糖纸去换口香糖，动员家里的大人也嚼口香糖。没多久，口香糖由滞销品变成了畅销品。变化给企业带来了销售业绩。那么，我们也可以通过自身的变化来提高自身的价值。

交流、沟通、影响、改变，四个词语看起来相互联系不大，但是，解读你的人生就会发现，它们有着很强的递进关系。我不想将它们牵强附会地联系起来，不过，在你的生活中的确离不开他们，这是你成长的经历。事物往往是两面的。消极的交流、沟通、影响会带来负面的改变，我们的人生将会越来越灰暗，我们会觉得人生越来越不如意，我们会每天活在抱怨中，我们会每天消沉下去，直至被社会淘汰。我们只有抱着积极的态度与别人交流和沟通，去寻找有积态度的人交流、沟通，才能对我们的人生施加积极的影响，我们才能阳光地活着、向上地活着，才能在自己的工作和生活中取得进步，每天去追求新的成长之旅。

看似不起眼的小事远没那么简单

副校长　周京胜

教师和学生的成就在于如何去用心去做。”

“在做质量分析时要找到质量监测重点和容易出现的问题集中说，除此之外，干部要引领教师们的超前理念。”

“哦，知道了。”

作为一校之长，主抓学校全面工作，工作相当繁忙，即使是在假期，王校长也会主动询问学校各方面的工作，事无巨细，并提出指导性的意见和建议。

对于我来说，看似简单的事情，操办起来却没有那么简单。每一件事情，每一件工作，要想尽善尽美，就要不断地和周边的人进行交流与沟通，对我们的教师和学生进行积极的影响，才能达到正向的转变。织染局小学这个集体四年来的发展正说明了这一点。

故事三

一次，两位过去的领导一早来到学校交流，正赶上学校期末测验。我走进会议室，出于礼貌，和这两位老师攀谈起来。其实，我已看到校长和老师们一起在做封卷工作。校长听着我们的聊天没有说什么。随着参观学校客人的陆续到来，时间已近中午，参观校园的时间越来越紧了，校长招呼着大家开始参观，随着人流，我们陆陆续续来到操场，“周校长，你给大家介绍一下咱们的安全应急教室！”此时，我正在操场倾听来宾的参观感受。看到校长在应急教室里招呼我，再看看校长的脸色，我已感觉到校长有些不悦了。随后，我开始给来宾介绍起来，这也是我第一次在众人面前介绍学校文化建设，加上突如其来的任务，我心里也有一种说不出来的感觉。

在送校长回家的路上，王校长还在不停地交待一位受伤老师看病的问题。“咱俩交流过没有？什么叫及时？你是校医，能任由受伤老师决定去不去医院吗？ 12 点多就能处理好的问题，现在几点了？我能不生气吗？”听着校长的口气，看着他不悦的表情，加上他撂下电话时的自言自语，想到校长常常强调交流的重要，我终于忍不住说话了：“我不知道您有没有这种感觉，您太强势了，导致老师不敢和您交流，告诉您受伤带来的压力远远大于他自身受的伤！这是我的心里话。”王校长顿了顿，说：“老师们一定要知道什么是重要而紧急的事，这跟我是不是强势没有关系。无论事情的结果怎么样，我是不是还得知道，我是不是还得处理？我只想说，面对问题，思维质量、处理问题的能力很重要！”“今天早上，我在会议室和老师们一起封试卷，你在和客人聊，我已经不高兴了！”“我看出来了。人家来了，我觉得我不招待显得不礼貌。”“那就是说我不礼貌了，我不知道招待人家吗？我是边干活边说，人家一定能理解！咱们正在期末考试。我要是你，我会说：‘校长我来吧，您歇会儿。’这样，来宾不会认为你没礼貌，反而认为你懂事，认为咱们合作得非常好，你说呢？”听着校长的话，我陷入了沉思。“包括向客人介绍学校，你完全可以说，校长您歇会儿，我来介绍。”“那我掌握不好，要是教委主任来，我能介绍吗？会不会不合适……”“我知道，你想的是：我这样请缨会遭到拒绝，多难为情！那也不妨小声问我，你必须要改的是被动思维，否则，你永远会为自己不主动找到理由或借口。主动行事和被动行事永远不一样。性格决定命运！必须努力改，因为你身后有跟着你的教师队伍。”

听着校长的话，依然是那样咄咄逼人，我又一次陷入了沉思。办事主动、系统思考问题成为我努力的方向，我下定决心要时常与校长主动沟通。

设计中。

本想可放松些的假期，倒增加了紧张的感觉。这也让我对新校长有了新的认识：这是一位有思想的校长；这是一位锐意创新的校长；这是一位工作作风果断、雷厉风行的校长。好像说话办事跟我挺合拍，快人快语。在良好的印象中，即将开始我们共事的步伐。

故事二：王校长的工作写照

2010年7月，学校回迁，回到了加固装修一新的校舍。9月1日，校长、师生、领导和来宾共同为新校舍举行了加固工程剪彩典礼，大家饶有兴致地在校长的带领下参观了校园。王校长亲自为来宾讲解学校文化建设内容，各位来宾大赞学校发生了巨变。

这背后凝聚着校长、老师们的智慧与辛苦。

在回迁前的多半个学期中，王校长亲自与文化公司磨合，诠释自己的办学思想与理念，反复修改样本，还征询全体教师意见，亲自带班子成员到现场观看门厅巨幅雕刻的创作过程，把关到位。文字稿亲自逐一过目，生怕有疏漏。设计公司现场安装时，校长同样亲临现场，一一落实粘贴方位，注重施工质量。倾尽了心血，赢得了方方面面的认可。

开学典礼剪彩仪式得到各媒体广泛关注，被相继报道。家长看到新校舍高兴得说：为孩子们选对了学校，孩子在这里学习很幸福。毕业生返回学校时十分羡慕：优雅、温馨的校园环境自己没能赶上。

这只是一期建设，紧接着，在王校长的脑海中，“让每个角落都精彩”、“让学校成为德育和校本课程的阵地”涌现出来。于是，他积极申请资金，在二期建好了茶艺室、心理咨询室、国际象棋和中国象棋棋盘活动区。三期建成了“礼仪长廊”、“知心长廊”，引入两大“石文化”。四期建好地下阅读长廊、“善行文化柱”。五期即将落成校史馆、音乐博物馆、楼顶立校牌。六期工程——文化雨搭、楼顶校名等已在王校长心中酝酿……

朝阳下的校园充满勃勃生机，洋溢着孩子们的张张笑脸；夕阳下的校园清净、幽雅。

仅在校园文化建设这一项工作中，我就对王校长的个性深有感触：

1. 热爱事业：王校长事事记挂，倾心浇注，将自己的办学思想逐一体现在学校建设中，时时刻刻思考着学校的发展，充分体现了对事业的热爱。

2. 细致：不管做什么事都想得全、想得细。他工作上细致入微，每个环节都要弄清楚，看似简单的事，必须做好，一盯到底。“有质量、有品位”，是他常说的一句话。

3. 亲力亲为的工作作风：学校建设的每一个构想、每一个方案、每一点装饰，校长都要亲力亲为。两块文化石运到学校那一夜，他竟一夜没睡，亲自盯着运到位、摆放好。

4. 用心、坚持：这是学校精神，也是王校长的工作写照，更是我不断努力的方向。

故事三：一次没能成功上报的报表

2012 年 12 月底至 2013 年 1 月初，是我们财务人员最忙的时间。即将过去的一年要对账、调账、结转账，要报资产负债表，要填报二次决算报表，撰写财务状况分析报告，所有账务都要装订。新的一年要起新账，而恰在 2013 年要实行零余额账户，授权支付业务（这是新业务，要从零开始学起做起）。在半个月内完成这么多工作，压力很大。今年也不知怎么了，教委在这个时间段又布置下党员统计、无房老职工 2012 年住房补贴补发填报表等工作，人事部门又要求上交统计在职、离退休人员按职称分段填报收入情况。一时间我心急如焚。

“今天下午有党统工作会。”“今天下午有二次决算工作会。”两个会议通知摆在我面前，我只好请张文英主任代我开党统工作会。

巧事、难事碰在了一起。今年，党统工作也改用网络版软件上报。张主任开完会后，看我忙着，她也忙着进班，我俩就简单地交流了几句：“我给记下来了，让先维护党员库，然后再填表，都记在上边了。”我放在了一边。

过了两天准备做这项工作，我就按着打下来的操作说明上网干上了，因为以前做过，还是很熟练地填好报表，打出了纸质版，习惯性地将数据点上报、导出，等待着上交。可上交当天我还等着审核时，组织部阚老师告诉我：“把纸版交了不用等，有问题找我。”当时我忽略了电子版问题。

过了两天，阚老师打来电话：“你怎么没交党统数据？”“我交了！”“你

沟通：1. 挖沟使两水相通。2. 使彼此通连；相通。3. 为了一个设定的目标，把信息、思想和情感在个人或群体间传递，并且达成共同协议的过程。4. 信息传与受的行为，发送者凭借一定的渠道，将信息传递给接收者，以求对方完全理解发送者的意图。5. 是人际的交流，也涉及组织之间的交流。

百度百科

从前，有一个小水潭，静静地躲在树荫下，不流也不动。虽然水中的鱼越来越少，却假装不知道，安心地在这个与世无争的小天地里过了一天又一天。管他外面狂风巨浪。水族们之间也是关起门来各做各的事，不出错就行。直到有一天，小水塘外面喧闹起来了。大家都在议论，天气干旱，水塘会不会有一天水尽池干，大家该何去何从。为了解决水塘的问题，有人挖了一条渠，将一股活水引了进来，顺着水渠，也游来了更多的大鱼。小水塘一天比一天热闹，水塘里生机勃勃，水塘也越来越大，也许将来会成为一个大湖呢。

我们的织染局小学以前就是这样一个没有一丝涟漪的小水潭。大家关起门来自扫门前雪。可是，大错不犯、小错不断。记得有一次，我和王爱华主任吵了一架，就在我们的办公室，开着门，声音很大。同屋的雷老师好心地帮我们关上了门——两个干部当着老师们吵架，影响多不好啊。事情的起因真是小得不能再小了——我外出参加教研，王主任不知道，追问了两句，我不耐烦地回了她两句："你安排的活，你不知道？"校长知道后，没有直接批评我们，只是要求教导处要定期开会商会，进行沟通。

其实，在工作中，教师与教师之间、教师与干部之间、干部与干部之间，因为一些小事时常会造成一些小的不愉快。事后每个人都很委屈，又都好像没做错什么。归其原因，往往是缺乏沟通和交流。王校长采取的策略最简单也最有效：坐下来谈一谈，把事情说开。

为人师者，都有一种渴望——别人能理解自己的苦心，就算对学生，我们也经常会说："老师这是为了你们好。"可是，与同事、家人，却不会正确表达自己的想法或需求。

班主任们在一起谈论工作时，往往感叹：看看人家副科老师多轻松，班里的所有工作都让我们班主任一个人做，累死了！

副科老师们在一起谈论工作时，也有人会说：我们副科老师怎么啦？我们课时比你们多多了！我们也很辛苦呀！我们也没少配合班主任的工作！怎么老说我们？

老师们在一起谈论工作压力较大时，也会说：我们学校怎么那么多事情啊？今天教导处布置听课、说课、上课活动，明天德育处又布置清洁校园、搞卫生活动，还布置了艺术展示活动，还得练舞蹈呀、合唱呀……

大家都坐在一起时，又什么都不说了。长此以往，就会缺乏理解和信任。

怎样才能更好地沟通和交流呢？

首先，应知道对方心里想什么、怎样想、有什么样的要求和期望。为此，王校长不仅经常请老师们走进校长室，和老师们交心，还利用假期时间带领支委走入同事生活，真诚倾听同事们的诉说，了解大家的真实想法。

教师的工作比较辛苦，也很繁忙，自我调节不是很积极，并非任何时候都心平气和。王校长就利用一切条件为老师们创造放松机会，提高老师们的涵养，以求保持一份宁静的心态，时时提醒自己不做冲动的事情。这也是对干部教师的文化引领。

我们的学校太小了，最少的时候只有一百多个学生。可王校长说，学校之间的真正差距，并不是物质上的差距，而是学校文化之间的差距。一所成功的学校必定有其独特的精神。因此，校长告诉我们，要注重工作经验的积累和校园文化精神的积淀，并且加以扬弃、总结提炼，使其上升为理论，不断探索适合学校实际和发展需求的模式，形成我们自己的办学特色和管理风范。这样的学校才有持久的生命力。

三年来，王校长不断思考学校的发展策略，进行学校管理创新，不断提升干部教师的思想水平和校园文化水平，用创新动力发展着我们的学校。

校长带头开展教育科研，理性思考教育教学问题，不断地创新教育，变知识灌输为能力培养，使培养出来的学生既有比较宽厚、扎实的知识基础，又形成一定的自主学习能力，培养学生的基本素质，让他们得到自然健全的发展，为将来知识积累作准备，使学生不仅有辉煌的今天，更重要的是有辉煌的未来。使学生有可持续的发展，将来能立足于社会、发展于社会、贡献于社会。校长带头开展教育科研，积极探索、研究教育教学改革中的问题，站在理论的前沿指导具体的教育教学工作。在王校长的带领与指导下，三年来，织染局小学教

感谢校长的指点

德育主任　孙有明

一转眼，和王凤岭校长在一起工作已有三年了。他认真、精干、智慧、创新的工作思维和丰富的工作经验、全新的办学理念，都给予我前所未有的感受，同时，他那种适时引导你不断提升、催促你不停飞奔的工作热情和工作力度，又使我获得了许多新的认知和收获。当然，也在不断修正和改变着我以往的一些观点和想法，使我的思想意识和工作能力有了较大的提高。

记得王凤岭校长到任后不久的一天中午，我在操场上和校长聊新学期开学典礼的设计。当我无意中提到做德育是源于“帮忙”时，我看到校长的眼中闪过异样的目光，我意识到自己说错了什么。

过了一段时间，在向校长汇报活动安排事项之余再次谈起此事，我向校长表达了自己对能否做好德育工作的忧虑，只做过大队辅导员的我完全没有做管理工作的经验，而且19世纪80年代的德育和21世纪的德育在内容上有着很大的不同，能否做好真的没有把握。

校长听完诚恳地对我说：“不管以前是什么原因使你做了这项工作，现在你就要认真把它做好，工作经验是你的不足，但可以学。找其他学校有经验的主任沟通交流、找有经验的班主任，都可以学到很多东西。我跟随过许多成功的校长，学到了很多有用的经验，只要肯学，认真做事，就能做好工作。”

听了校长的指点，我深感庆幸，非常庆幸有这样一位经验丰富的校长来引领我们，相信在这样的校长指导下无论是个人还是学校，都会发生非常大的改变和长足的发展。在之后的工作中，我深刻体会着校长不断地用他极大的耐心和热情，用他认真和严谨的工作风格来引导和影响着我不断改变和提升工作意识和工作方法。

记得一次学校组织了一部分学生参加艺术节集体舞比赛，经过了一个月的师生共同努力和艰苦训练，终于到了参加比赛的那一天，大家都非常兴奋。出发前，学生们穿上漂亮的参赛服装，来到操场紧张地等待几位教师为他们化妆。这时，校长来到操场，当他看到学生的化妆过于简单，就亲自动手带领老师们为孩子更改化妆，边做边指导，有条不紊。经过修改后，孩子们显得非常活泼而富有朝气。看到这一切，我深刻感受到自己在审美能力和动手能力上的差距。

还有一次，学校举行合唱比赛。在进行的过程中，王校长突然要求我们把立在表演学生前面的话筒架子拿掉，话筒交到歌唱能力强的学生手中。正当大家疑惑时，校长告诉我们这样做的原因是：话筒架立在前面正好挡住学生，无论表演还是摄影、照相都会受到影响。听校长这么一说我们才明白了校长的真正用意，同时也看到了校长思考问题、处理事务的角度，就是一切从关注学生的角度出发，以学生的需要和发展为关注点。对比起来，我发现自己在设计活动时往往只注重活动的环节和目的，忽略了学生的需要，没有考虑到学生的感受，校长再一次用具体的工作指导告诉了我德育活动的出发点应该是：从学生的需求出发，做走进学生心里的德育。

在日常的工作中，校长也不时地发挥他的智慧，让我们学到怎样把知心教育真正体现在学校的教育工作中，让孩子感受到知心校园的温暖和快乐。

几年来，我深感到校长对我的工作指导是及时而具体的，影响是无声而深切的。在校长长期耐心的指导和影响下，我的工作也有了大的转变。

校长几年来不仅在工作方式和能力上给我们以具体的指导，在思想方法和意识观念上也不断地引领我们。在行政工作会上，校长经常提到一个词——沟通。什么是沟通？沟通是人与人之间、人与群体之间思想与感情的传递和反馈的过程，以求思想达成一致和感情的通畅，是人们生存、生产、发展和进步成长的重要途径。这个词虽然常听到，但使我真正理解沟通的真正含义还是通过与校长的不断交流和工作中的实践。

记得 9 月刚开学不久的时候，有几位外校的领导要到学校参观，为迎接来宾全校师生作了充分的准备，包括楼道的清理、专用教室的清洁、学生的教育，并在课间操时安排了一个安全教育活动。一切准备停当，只等外校的领导到来。真可谓是百密一疏。当全校师生和来宾一同在操场开始安全教育活动时，竟然有一个话筒不出声了，看着唯一的一只可以出声的话筒在主持人和宣讲员手中来回传递的尴尬画面，我真恨不得找一个地缝钻进去。

事后，校长追问此事的原因，我承认是自己只顾了打扫专用教室，忽略了广播设备的检查工作，由于自己工作的不细致造成活动中出现了问题。校长又问："你有没有想到找其他干部或老师帮忙做这件事情"。"没有。"我不得不承认当时真的没有想到这个问题。听完我的话王校长严肃地指出："从表面上看，是一个工作不细致的问题，但从事情背后反映出的，造成这一问题的根本原因，是思想意识的问题，更主要的是我在平时多次提到的'沟通'这一工作理念仍然没有被真正理解造成的。”

沟通真的这么重要吗？我一直认为，只要做好自己分内的工作，是否注重与他人交流并不是很重要。王校长好像看出了我的想法，他说：“沟通不仅是一个工作方法的问题，更主要是一个思想方法问题，是人与人之间信任和尊重的行为体现。一个人在思考问题时总不会长于一群人的思维能力，这就需要遇事和其他人共同商量，多加沟通，避免工作中出现偏差。就拿这次发生的问题说，如果事前肯和其他人交流、集思广益，就完全可以避免问题的发生。”为使我真正明白沟通的含义，王校长又追问：“你平时经常到老师办公室和班主任们一起聊聊班里的情况，问问有什么问题吗？”“没有。”我惭愧地承认，因为我觉得班主任工作都很忙，经常去会给人带来麻烦。“经常与班主任老师交流是德育干部一项重要的工作内容，只有经常与班主任沟通，你才能及时了解班级管理的情况，才能知道老师有什么困难，有什么需要你提供帮助，不要等老师有了问题来找你，干部要主动为老师服务。再说，你只有和老师经常交流，别人才知道你想要做什么，才能合力做好工作，不要只是布置事情，要能帮助大家一同做好事情。”

听完校长的一席话，我不得不认真思考自己以前的想法，以往总认为完成自己的工作就可以了，沟通、交流只涉及人际关系问题，因此忽略了沟通交流的真正内涵，作为一项工作的负责人员，要通过沟通和交流使你的合作者明确你要实现的工作目标，同时，通过沟通和交流了解这些合作者在工作中产生的问题和困难，以便合理地解决和提供帮助。这绝不是简单的人际交往问题，是一种思想意识、一种工作方式和工作理念。通过这次交流，我对沟通有了真正的认识，并在之后的工作中不断实践，力求改善工作效果。

一树一菩提　一沙一世界

教学科研主任　王爱华

“大华华，乐乐的手被狗咬了，我们现在去医院……”电话那端，传来妈妈急切的声音。这是2010年3月1日中午，瞬间，我不知所措，只想第一时间看见宝贝女儿，眼泪不可抑制地流了出来，我飞奔至校长室：“王校长，我要回家，乐乐被狗咬了……”王校长立刻说：“赶快回家，赶快走，别急。”不知如何打的车，不知如何到的孩子身边，只觉得陪伴就好。这时，短信传来：“王主任，遇到特大的事情冷静果断处理，注意拍照收集证据。”王校长还惦记牵挂着，不知为什么，当时的我特别爱哭，我心里知道，那是从心底里发出的感动。

时至三年后的今天，场景依旧历历在目。

和王校长的接触，从不熟悉的工作伙伴到成为“士为知己者死”的知心朋友，这三年经历了许多事情，正像王校长所说：“经历是一种财富。”带着这份财富，我有了今天的这份宁静和幸福感。

今天，借学校建校55周年之际，特别想和王校长聊聊这份影响与改变。也许没有什么深刻的道理，也许没有什么惊天动地的大事，但却让爱华铭记于心。

我至今还记得，王校长到任后的第一件事就是更改网页。还在假期中（2010年2月5日），校长发来短信：“你看看学校简介，我又加了点内容，孙亮正在弄，一会儿吧，宣传学校是最重要的阵地，眼前我们试着改变网页，慢慢让它变成重要窗口，先自娱自乐。”习惯所致，校园网最初的信息都是王校长亲自写的，新学期开始，我也尝试着开始写信息，先完成了两篇：《职业讲操守专业讲技术——织染局小学王凤岭校长主题讲座》和《同在蓝天下，请学生享受知心教育——织染局小学行政就校园文化建设进行探讨》。就连这样的事，校长也注意到并做了提醒：“两条信息文笔好，发往“教委信息报”和送宣传部了么？”从这一刻，我的工作每天开始有了宣传信息的介入。到2011年1月5日上午，王校长发来短信：“我对校网新闻页码进行了统计，2010年全年共撰写458条信息，你闲暇时再看看，4日开始，我们开始了新一年的信息……”今天是2013年2月22日，学校校网信息已经1396条，点击103960次。

就是从这样的小细节，我感受到校长的用心、对工作的严谨。每每看校网，总感觉一种说不出来的热爱。现在，校网成为宣传学校的重要窗口。在王校长的用心指导下，学校的信息宣传工作负责宣传工作先进集体，并在全区做汇报发言。这种经历，对我难道不是一种财富么？

至今我还记得2010年3月2日王校长到织染局小学听的第一节课，那是王海燕老师的一节数学课。听课后，王校长从自己的感受谈起，充分肯定了王老师扎实的教学基本功以及和谐的师生关系，同时就知识传授如何更符合学生的认知规律、如何更好地钻研教材等问题进行汇总。评课后，校长告诉我，对于老师的课评应该先肯定优势再提出问题，加以例证，重在比优势，让教师树立自信。接下来，王校长一有时间就和我一起走进教室听课、评课。在李红明老师的课堂上，王校长辅导我语文的基本课型，如何解词，朗读的标准；在徐临元、王苗苗、赵雪丽等老师的说课准备过程中，王校长辅导我如何展示教师的风采，如何清晰透彻地说课、展示出学校的风采；在王晨、冯煜老师的听评课过程中，'王校长辅导我如何指导教师上好不同课时的内容、如何让板书成为课堂灵魂的体现……在耳濡目染的过程中，我感受到王校长对待教学的严谨，真正体会到学习与生命同行。

从那天起，王校长手把手带着我这个稚嫩的教学主任，引领我如何做一名合格的教学干部，如何从合格走向优秀。

2010年3月30日，语文新学期首次月测，一清早，我就收到校长的短信："今天语文抽测完，老师判后别给分呢！你收上来咱俩共同商量典型规范笔画后再给分，围绕问题你搞一次基本功培训，大家都听，咱俩共同备课。"月测的当天，王校长和我一起批阅，一个笔画一个笔画地抠，一个班一个班的统计优秀率、错误率：全校的错误率7%，总字数5256字，共错368字（含不规范字）。总体来讲，学生真正的错字少，不规范的字较多。

一天下来，真的很辛苦，此时，王校长短信说："希望今天咱们的交流有助于你的思维和站位，找到自己新的价值起点，成为优秀的教学干部。"温暖，真是备感动力。

这之后，我做了对全校教师的第一次基本功培训。就在那次培训中我明白了校长平日里说的——我们就在向那"差一点儿"努力。

在校长的亲力亲为过程中，我感受到校长的用心、对教学工作的重视。时至今天，教学管理系统的点滴细节都是校长用心指导的结果。这种经历，对我难道不是一种财富么？

任何工作都不是一帆风顺的，初出茅庐的我一心想着把工作干好，有时却忽略了一些事情。2010 年 12 月 31 日，在幸福阅读工作坊——悦读宝贝朗诵会，由于前期工作的疏忽，朗诵会走了过场。当时，王校长很生气：作为教学主任，之前的材料性工作有没有？全校性的工作为什么不在行政会上商议？团队和部门的概念？自主性和无主性？活动预案有没有？……重新来过，王校长劝勉我：“活动要把准备工作做在前，要学着把工作的细致放于实际行动中，主动地工作，主动地协调，细致地工作并落实。我希望成为你成长道路上的朋友，使你在质量上走得更远。”

2012 年的一天，校长把我、王晨、冯煜几位老师叫到了办公室，给我们阅读了冯老师写的一个故事。听后，我明白了冯老师心中那个不能解开的结——她对春雷杯优秀学生作文的推荐一事存在误会。王校长在发现后的第一时间当面解开了教师的心结，询问了我和教研组长，老师也了解了事实真相。我特别感谢校长的这次公开调解，因为在这之前我还奇怪，好好地冯老师怎么对我爱答不理的。“多栽玫瑰少栽刺，系统性地工作。今天的事，你要明白在人与人出现矛盾的时候，我们每个人都会搅在自己的道理之中，钻牛角尖，越想越生气。如果不说，怨气憋在心里，时间长了，就成了怨恨，影响集体，影响团结。”

经过此事，工作中的我更加严谨、细致。在工作中敞开心扉，以真情实干和全体同仁齐心协力为学校美好的未来而努力。

……

一树一菩提，一沙一世界。在工作中经历，在经历中长进，经历是一种财富。

温总理说过：“教育是心灵与心灵的沟通，灵魂与灵魂的交融，人格与人格的对话。”织染局小学的知心教育，在王校长的引领下实实在在地落在了每位经历者心里。在共同的经历中，我一路成长，一路感恩。校长成为我成长道路上的知心朋友。王校长曾经说过：“幸福有时就像散落的珍珠，有时不能全部拣起。”此时此刻，我的心扉已打开，请您接受我的全部感受。

我与校长

办公室主任　张文英

王凤岭校长来到织染局小学后，鲜明地提出“同在蓝天下，请学生享受知心教育”的办学理念，创造性地提出了“学会选择，善行天下”的校训，围绕“知心教育”特色追求系统建构学校文化，不断完善三级课程体系，着重进行干部、教师两支队伍的培养，全力促进教学质量的提高。三年来，学校发生了可喜的变化，获得了“人民满意学校”的称号，社会认知度越来越高。学校的建设和成绩浸透着校长的心血与奉献，凝聚着校长的追求与品质，体现着校长的思考与智慧。而校长的智慧更体现在对干部、教师的帮助和交流中。

点拨

在工作中经常与校长接触，我不仅被他的人格魅力所感染，还被他严谨认真的工作态度所折服，也被他踏实务实的工作作风所敬佩，更被他真挚无痕的点拨所感动。

又是一周的开始，早8点照例的行政会，安排一周行政教育教学等方面的工作。最后，校长将两份工作计划布置给我和W主任，周四下班前W主任将全面计划交给我，我在其基础上提取一项专项计划，周五准时上交两份计划。那两天W主任又是外出开会、又是听课，转眼到了周四下班的时间，计划的影子还没有呢！恰好第二天上午有个会议我必须参加，怎么办呢？一时没了主意，赶紧向校长求助。校长说：“回家吧，明天踏踏实实开会去。”听了校长的话，我如释重负，踏踏实实、轻轻松松地回家了。晚上9点左右电话铃响起，一看是学校的号码，这么晚了谁还在学校？拿起听筒传来校长熟悉的声音：“两项计划我都写完了，明天可以准时上交了。”“谢谢校长，辛苦了！”我兴奋地回应。“我想跟你交换一下意见，也许你不爱听。如果是我来完成这项工作，看到W主任前两天很忙，我会先写出一份专项计划交给她，而不是一味地等待。这样既不耽误写计划、又不耽误明天的会议，岂不是两全其美了！”校长平静地说。放下电话，第一反应没有不高兴，只觉得怪冤的。说好她先我后，她要是早一天给我或第二天我没有会议，都来得及写，可偏偏……哎！可静下心来反复琢磨校长的话，觉得很有道理。

工作中难免会出现这样那样的临时状况，这正是考验我们应变的时刻，若不能随机应变，而只是一味强调最初的规则，又怎能把一个个棘手的问题化解？

想到这里我又不禁有些惭愧，因为我与W主任的工作出现了这样的意外，加重了校长的工作任务。作为部门负责人，工作的确很多，有日常性的常规工作，有应急的事务性工作，无论哪项工作，可以把它们分成紧急而重要、重要而不紧急、紧急而不重要等类别。我应该有一个合理的工作顺序和所用时间的科学分配。不能被事务性的工作缠绕，而贻误了重要的工作。况且，做起来也不难，只要换个角度，改变一下已有的定式，问题就会迎刃而解。我与W主任的墨守成规，才会造成工作上的纰漏。同样是面对突发情况，比起校长的从容、大度，我实在是自愧不如。身为一名老师，我一直都有强烈的责任感和使命感，除了对教育工作的兢兢业业，我深信以身作则才是在学生们心中树起旗帜的开端。若是我都不够灵活、遇到情况不知所措，那我的学生又能在哪里学到这些呢？只有我能做到随机应变、遇事不慌不乱，才能在学生们心中播下种子、埋下希望，为他们将来成为一个机敏的人做铺垫。所谓“知心教育”，老师与学生们之间心与心的交流才是前提，而心灵的交流靠的不是语言、而是行动。

最重要的是，通过这件事、通过短短几句朴实中肯的话语，校长教会了我如何与他人交流，如何与其他干部合作，这正是我最欠缺的地方。学校工作需要干部和教师密切配合，而不能是铁路警察各管一段。干部之间的工作交接应该像接力赛那样，提前跑出一段主动迎接，跑完自己的一程再送出一段，这样才能圆满完成全程比赛。如果我能在前一两天主动与W主任沟通，了解她的设想，说出自己的思考，利用自己前面不忙的时间写出专项计划，周四下班前交给W主任，她再利用忙碌之余的周五赶写全面计划，这样不仅能很好地完成了工作，也密切了我们的关系，加深了我们的感情。

校长总是这样，在给予我帮助鼓励的同时及时捕捉到我的不足，以平和睿智的方式点化我，使我学到工作方法，掌握工作技巧，学会与人沟通合作，提高工作的品质与效率。

影响

都说“江山易改、禀性难移”，但人与人之间是可以影响的。中国也有古语道：“跟着老鼠学打洞，跟着燕子学飞行。”意思是跟随什么样的人，就会受到什么样的影响。受庸俗的人影响而变得无为，受杰出的人影响而变得优秀。受一个充满正能量、与时俱进的校长影响，就会变得积极阳光，不断进步。

我负责人事工作，同时兼任一个班的数学教学，每天一节数学课，时常要参加人事会。从学校到教委，坐公交要倒车还要步行需大约 1 小时。打车也要早早出发，留足等候时间，学校附近打车很难。开完会再花同样的时间回到学校，前后就是三个多小时，整整半天不能给学生上课。若是骑上电动车也就半小时。这样可以先抢着给学生上一节课再去开会也来得及。学校特别添置了两辆电动自行车，为外出开会、办事提供方便。这样既节约时间又节约开支，还绿色环保。可是，我自认为天生运动能力差。上师范时同学们几乎都会骑自行车了，我还不会。同学们连拉带拽，我好不容易学会了骑自行车。现在，电动自行车逐渐淘汰了自行车，我酝酿了好长时间也没能骑上电动车。这一天，我要和校长一同外出开会，我提前一小时我来到校长办公室，校长正低头办公，我提醒道："校长别看了，收拾一下咱们该开会去了。"校长看看手机，"还有时间，咱们骑电动车去，看完这份稿再走正好。""啊？骑电动车去！我不会，咱们还是打车吧，我出钱！""那干嘛呀？天这么好，骑电动车又快又舒服。操场练练去，几分钟就适应了。"校长这么说，我再不好意思说什么，练呗！走下楼，推车到操场，战战兢兢地骑上，还好没有我想象的那样疯狂。轻轻拧动右闸，车子逐渐加速。缓缓松开右闸，车子逐渐慢下来……就这样，我与校长一同骑车上了路。去时我小心翼翼地跟在他后面，被他拉得很远。回来时，心情放松了许多，速度也渐渐跟上了。我不禁开始反思，为何我最初迟迟不能接受电动自行车，到底是什么原因阻拦了我的道路，放慢了我的脚步？是我自己。是我禁锢了自己的思想，而它又作用到了我的行动。当我真正骑上电动自行车的时候我才发现，它并不是我想象中的那么难以驾驭，我能做好。我突然想起班中一名成绩一直不太好的学生，我上课时常提问他，刚开始他总是很快站起身，大声说出自己的答案，有时是对的，但更多的时候是错的。慢慢我发现，我叫他时他没了从前的爽快，而是磨磨蹭蹭地站起来，低着头支支吾吾，我还没听清他就已经抿着嘴缄默不语了。我曾为他的变化感到遗憾，作为老师我更欣赏曾经的那个他。此时我才终于明白。我骑得越来越快，不知不觉已经领先了校长半个车身，校长笑称我已经出师了。而我一心想要回到学校，回到我的课堂上；我要叫起他，让他抬起头；我要告诉他我能理解他此时的心情，因为几个小时候以前我第一次怀着“我不行”的心情骑上电动车，我还要告诉他“孩子你别害怕，你可以的”，因为我正怀着急切的心情匆匆行驶在路上。

如今，我骑电动自行车已非常自如，充分享受到它的便捷快速给我的工作生活带来的便利。一件不起眼的小事给我很大的启示：活到老学到老，不仅在知识方面，还在各个方面，其中包括生活能力乃至娱乐游戏。对于新事物，我们要有一个积极的态度接纳它，学习并力所能及地掌握它。时代的浪潮一波接着一波，而至关重要的是，我们要勇敢地成为潮流中的人，不能被潮流早早遗弃在历史的“沙滩”上。浪潮并不可怕，可怕的是一颗害怕的心。一切畏惧彷徨其实都来源于我们自己，而我们需要战胜的不是天崩地裂，也不是洪水猛兽，而是我们自己。只有战胜了自己的胆怯，才会无所畏惧，才能走得更高更远，看得更宽更广。

校长正是这样的人。他不光自己走在前面，还引领着我的脚步，在我难以战胜自己时在身后推了我一把，给我力量和勇气。如今，我战胜了自己，掌握了新事物，方便了我的工作和生活，提高了工作和生活的品质。校长还是走在前头，笑着冲我摆摆手，好像在说，路还远着哪。

不吃午饭的女孩

数学教师　贺潇仪

参加工作的第一年，我加入了一个环境优美、设施齐全、人文和谐的学校——织染局小学。第一次进入这所学校，我就被它无处不在的、灵动的生命力所吸引，并着迷般迫切地想要加入这所以“知心教育”为特色的学校。

然而，当我真正融入这所学校后，却经受了比环境和理念所带来的更大的震撼。学校近 90% 的学生都是外来务工人员子女，无论是家长的教育理念还是孩子的生活习惯都对我造成了不小的冲击。这与我最初设想的“教育”是不同的。这是完全脱离了我生活轨道的一个群体，我不曾经历过这些孩子的曾经；我难以想象，我要怎样收拾起那份怜悯与同情。

我任课的班里有这样一个孩子。四年级，却已有 13 岁的年纪；女生，却常常邋遢，让人不想靠近。可能是进入了青春期的缘故，她难以接受别人的批评和建议。她自尊心很强，对事物也有着自己的看法。我没有过多地去了解过她，只是根据她的特点给她安排了一些琐碎的工作，以保证她在课堂上能够安分守己。

直到有一次，我看饭班儿。其他学生都排队领饭去了，她依然安静地坐在位子上，算着课上我留下的那两道简算题。我当即了解了情况。原来，这个孩子由于一些原因不在学校午餐，每天利用午休的一小时往返于家和学校，吃过午饭再回校上课。于是我问她：“今天为什么不回去？”她给我讲述了她的家庭。父母早已离异，她跟着父亲生活。父亲娶了新的妻子，并生下了她的弟弟。最近，父亲回老家料理事情，新妈妈一边照看生意一边照顾弟弟，没有时间打理她的午饭。她说：“老师，我吃不吃都没关系。”这句话说得那样理所当然，好像我的惊奇反而在这小孩子面前显得幼稚。那一刻，我替她委屈。我给了她一个苹果，重新整理自己的思路。

那个饭班，我推开了讲台上没过视线的作业，和她轻声交谈。其实，内容不多，也很简单。我只是从“吃不吃是有关系的”这件事开始，告诉她，接受这样的生活环境、不抱怨没有错，但不能像别人那样不关心自己、不重视自己。13 岁，正是一个女孩成长的妙龄，耽误或是走错了就是一生的遗憾。谈到的要比描述的更多。我想，那个中午她听懂了什么。

事后，我又从别的学生那里了解到，她很可怜，很多时候妈妈连作业都不让她写，只让她照顾弟弟或是照看生意。于是，我在得到了她和家长的同意后，每天让她在学校多完成一点作业再回家。渐渐地我发现，她越来越懂得珍惜自己了。作业质量越来越高，穿干净衣服的时间越来越多，也越常看见她吃着自己带来的午饭了。

结束了上学期的学习后她离开了这所学校，回到了她遥远的家乡。我相信，她已经明白了，人生是自己的，不一定要依托于谁的照顾。自己一定能最贴心地把自己照顾好、安排好。她会有美丽的人生，因为她已经懂得如何去爱自己。

在看到了她的成长后，我也更有信心成为这些学生的老师。我渐渐发现，他们比我更天真、更坚强、更有无限的可能。我似乎理解了，为什么学校要把“知心教育”作为办学特色，也似乎感受到了，这才是教育，这才是一个教育工作者应有的成就感。

教会学生知识是教师的责任，而引导学生成长，才是真正的教育。我想，我会和他们一起成长，一起创造出一个很美好、很美好的明天。

【点评】

在遥远的地方有一个女孩，她会时常想起一位年轻女教师的话：“要关心自己，重视自己。”我们相信：无论走到哪里，她都会善待自己，用自己的努力创造美好的人生。而这一切，正是教师在不断追求“知心教育”特色过程中实现的。

张文英

换个角度就知心了

数学教师　贺潇仪

不写作业的孩子当然不是好孩子。今天我们故事的主角恰恰是一个不写作业的孩子。家庭特殊，没有环境写作业？不是。每次联系家长，家长都恨恨地以为，孩子是完成了作业才睡觉的。说几个从家长那里听到的这孩子不写作业的借口吧：

第一次未完成作业，“老师没留。”

第二次未完成作业，“在学校写完了。”

第三次未完成作业，“老师说上课做对的今天不用写。”

第四次未完成作业，“老师把我的作业当范本，没还给我。”

……

说教、补写、请家长，什么方法都用尽了，这孩子依然我行我素，就是不写。每天留下也不是办法。最后，我只得把这孩子列入学困生的范围内，多让他听两遍，以弥补不写作业而导致的知识掌握不牢固。

然而，在组织了几次学困生补习后，我明显地注意到，这孩子真的不是学困生。重复听讲对于他而言明显是一件无聊的事。但不这样做，他的成绩总是无法达到让人满意的程度。我虽然觉得有些勉强，但依然没有放过他。

直到有一次，在补习的过程中我用了三种方法给一名学困生讲解一道概念题，然而这学生就是理解不了。不写作业的孩子坐在旁边，听不下去了，说：“最小的就是前头减一，后头一个5000。”我看他如此积极，干脆停下了讲解，让他给学困生讲这道题。验收的结果是，学困生学会了，换一个数做起来也没什么问题。他抛弃了字斟句酌的概念讲解，虽然从学术上讲不够严谨，但也许是孩子之间的沟通会更加顺畅，又或许是学困生的程度只能从形式上理解答案。不过从结果上说，的确是收到了一定的成效。并且我发现，这孩子虽然不写作业，却很愿意给别的学生讲题。

事后，我又从另一个角度对这个学生进行了新的了解。我发现，他不喜欢写作业，但他并不懒。他在家不是闲着，而是各种玩。或者可以这样说，他喜欢做有意思的事情。显然，写作业对他而言是非常没有意思的。

通过这样的了解，我对他有了新的定位。反正对于学困生而言完成作业是十分困难的，我干脆让他来辅导学困生完成作业。他一下就变得积极了，盯着别人的作业不知比盯着自己的要认真多少倍，甚至连一个进位错误都能立刻纠正。俨然一副小老师的样子。

看到他这幅模样，我知道，我的判断没有错，这次的方法是对的。我为他找到了学习上“有意思的事”。由于他的成绩一直不算很差，所以我没有看到他明显的提高。但很突出的是，他的成绩稳定了许多，概念性和计算性的错误几乎没有了。而且这样似乎比让他写一遍作业更能达到巩固和加深理解的目的。

通过这个案例我似乎理解了因材施教的真正含义。学校以“学会选择”作为校训的句首，而我却忘了，对待每个学生的教育方法更应谨慎斟酌。选择对的方法，可以成就一个学生、一个班级，甚至是教师自己。

选择对的方法，就能让我更加快乐地为学生创造一个愉悦的学习环境。切实做到“请学生享受知心教育”。

【点评】

条条大路通罗马。但是，路径不同，路况不同，速度不同，风光也不同。为学生找到走进数学学科的突破口，让学生学得有声有色，情趣盎然，充分享受学习数学的快乐。实践校训从教师开始，选择好教育方法，成就一个学生、一个班级，成就自己。

张文英

意想不到的课堂生成

数学教师　李　芳

三年前我校确立了“知心教育”的办学特色，从那时开始，我就开始思考。通过不断的学习和反思，我认为真正的知心应包括两个方法：（1）我们所做的是学生喜欢和需要的。（2）我们所做的不仅要能为学生提供可持续发展的基础知识、基本技能，同时还要重视对学生的数学思想方法、科学的探究态度及解决实际问题、创新能力的培养。两者兼备的教师才能成为学生的知心教师。我们的课堂才能成为学生的知心课堂。于是，风趣幽默成为我追求的课堂状态，课上重视对学生渗透数学的思想方法成为我研究的重点。但在一节数学课上，一次延迟的课堂评价让我对数学的知心课堂有了更深刻的认识。

在这学期的期末复习课上，我出示了这样一道题。让学生独立思考解答。

预设有两种方法，一种是给高设个数，一种是转化，如下图：

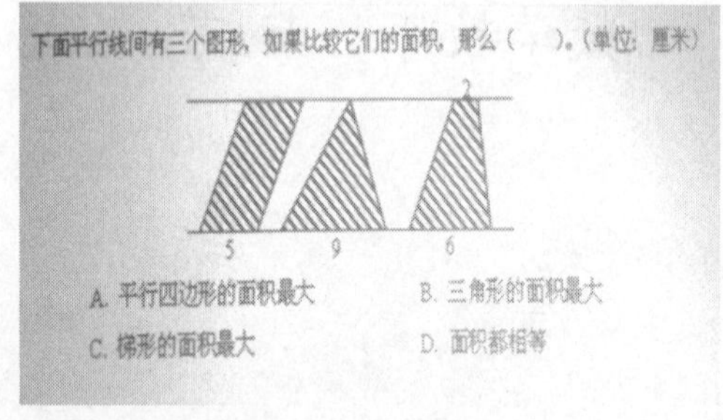

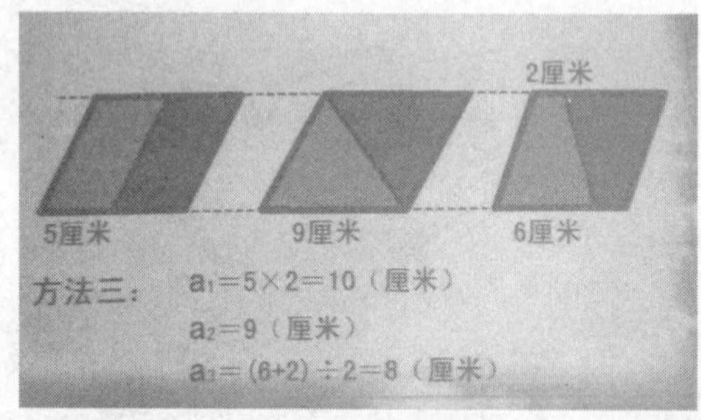

课堂中学生没有使用第一种方法。在一段沉默后，崔同学说：“平行四边形的面积大。因为平行四边形是 5+5=10 厘米，三角形是 9+0=9 厘米，梯形是 2+6=8 厘米。所以平行四边形的面积大。”我当时马上想说：“真好，这就是应用了转化的数学方法。”甚至差点就出示了课件。却突然想到，他可能运用了转化方法但不知如何表达，让其他学生再充分说说，转化的方法一定能出来。

于是，我没有进行评价，而是问学生们，“你们认为对吗？”教室里鸦雀无声，不一会儿，学生们展开了热烈的讨论。有的学生说对，有的学生说不对，还有的学生左思右想无法做出判断。当让学生说明理由的时候，说对的学生认为，这些图形都等高所以是正确的；而说不对的学生认为，虽然等高，但是不符合面积公式呀！这时我说到：“还真是这样的。崔同学你能解释一下吗？”这时崔同学也说不清楚。潘同学站起来说：“梯形的面积公式是通用的，我认为他是用梯形的面积公式计算的。”这时同学们也议论纷纷，发现这道题确实可以用梯形的面积公式套用解决。即平行四边形的面积 =（5 ＋ 5）× 高 ÷2；三角形的面积 =（9 ＋ 0）× 高 ÷2；梯形面积 =（6 ＋ 2）× 高 ÷2；由于图形的高都相等，所以只比较 5+5、9+0、6+2 的大小就可以比较出面积的大小。

学生的回答完全出乎了我的意料，我以为学生会利用转化的方法，没想到学生应用梯形的面积公式解决了问题。这时我说：“同学们你们真棒！通过大家的讨论得到了一个老师都没有想到的方法，而且比老师的方法更简捷。我是这样想的。”我出示自己的课件，同时用图再次证明了同学们的结论是正确的。

这件事让我认识到，真正的知心课堂应该是师生间的平等沟通，教师不仅要倾听学生的发言，更要认真思考学生是怎样想的。教师在反复备课的过程中，总是会被自己的预设先入为主，自觉不自觉地会把学生的回答看成自己预设的答案，这可能也是我们在听课过程中总能发现的教师要学会倾听的问题。教师的倾听，不光要倾听学生的观点，更要去了解学生的思维过程，只有这样才能做到知心的第一步。

【点评】

课上留出更多的时间让学生思考、让学生表达。在教师的引导下，学生之间、师生之间产生思维的碰撞，使学生思维得到发展，才是学习的课堂、知心的课堂、有生命力的课堂。

张文英

看到她的行为，我感动了

数学教师、班主任　王海燕

今天，当我准备给女儿写成人礼上的贺信时，眼前不断浮现出女儿成长过程中的一幕幕。在我脑海中出现最多的画面是，女儿放学回家高兴地向我诉说在学校与同学一起的趣事、老师的夸奖、取得的好成绩。可惜的是，没有留下文字记录，但幸福的画面却永远留在我的记忆中。这让我不由得想起我自己的学生。作为教师，我能给他们留下什么？他们会有幸福感吗？

带着这些思考，我再识“知心教育”。“同在蓝天下，请学生享受知心教育”的教育理念，是王凤岭校长上任时提出的。三年的探寻与思考，让我对知心教育有了自己的理解——知心教育就是幸福教育。

在知心教育特色引领下，我校为每个学生准备了一张增值卡，它记录着学生六年的成长足迹。当他们长大、回想起小学时光，这小小的卡片会给他们带去多少幸福美好的回忆呀！

小美是我们班的随读学生，她智力稍欠，行为有点儿散漫，身体还不太好，外表也很脏。家里还有一个上二年级的妹妹和一个弟弟，母亲下落不明，父亲为了生计每天在外奔波，很少过问孩子们的学习和生活。负责三个孩子生活起居、接送上下学的主要是爷爷。爷爷不会说普通话，沟通比较困难。记得刚接班时，需要填写一份学生家庭情况调查表，第二天学生们交来了填好的表格，只有小美交的是一张空表，我问了半天原因，她也说不清楚。给爷爷打电话，说了半天我几乎一句没听懂，后来还是通过和她父亲联系才把这张表填好。面对这样的孩子、这样的家庭，我不禁问自己，以后我怎么对待她？怎么和她交流？我真想放弃算了。

不久后的一件事转变了我的看法。有一天中午吃饭，一个学生不小心把汤洒在地上，旁边的同学纷纷责怪她为什么这么不小心，却没一个人动手收拾。这时，只见小美一声不响地放下饭盒，跑到教室后面拿来抹布，蹲在地上擦拭起来。我拿起墩布去帮她，她抬起头高兴地冲我笑了，接着跟在我后面不停地擦。看到孩子的行为，我感动了，这是一个多么朴实善良的孩子啊！于是，我在班里表扬了她。就在这天下午我们填写增值卡时，小美写了这样一句话：“王老师，您辛苦了，我以后也要像您一样当老师。”简单的一句话反映出孩子的内心是纯洁的，这个孩子虽然智力稍欠，但她也需要一张笑脸、一句表扬，她也会体验幸福。这时，我的眼前不断出现的是孩子擦地时那张笑脸。

这件事不由让我反思，我们的教育过分重视智力培养，忽视了情感教育，我想，知心教育理念会弥补这一不足，我们在知心教育理念引领下，从人性出发，以追求幸福为根本。让孩子幸福，让他们拥有值得回忆的愉悦童年；让孩子幸福，让孩子拥有快乐的学习生活；让孩子幸福，让孩子拥有充满希望的未来。知心教育，为人的一生发展奠基，为人的幸福生活奠基。

希望这美好的记忆能伴随孩子度过难忘的童年，也希望小小的增值卡片带给孩子美好的回忆。

【点评】

小美是不幸的，智残让她在学习上无法和其他孩子相比。但她又是幸福的，在织染局小学“知心教育”特色的追求中，在知心教师的关怀下，小美与其他学生一样享受着爱与被爱的权利，同样拥有着追求幸福的权利。多年后，增值卡带给小美的将是一个个美好的回忆。

张文英

好的开始是成功的一半

数学教师　张与忱

生活不等同于教育，但教育如果离开了生活，就成了无源之水、无本之木。德国一位学者有过一个精辟的比喻：将 15 克盐放在你面前，无论如何你难以下咽，但把这 15 克盐放入一碗美味可口的汤中，你会不知不觉地在享用佳肴时将 15 克盐全部吸收了。

生活之于教育犹如汤之于盐，盐需溶入水中才能更好地被吸收。特别是对于我校的学生，在数学课堂中巧妙地创设或引用数学故事，更能极大引发学生的学习兴趣，使学生享受轻松愉悦的氛围，让孩子的智慧绽放出七彩的光芒，给他们的思维插上了一对想象的翅膀。

其实，在刚刚踏入课堂时，我并不是很重视数学故事的作用，总是想当然地认为数学是逻辑严谨的学科，应当把主要精力放在推导和验证上面，忽视了学生的心理特点和认知规律。几次碰壁以后，我开始尝试创设巧妙的情境或故事以引发学生的求知欲。几次实践后我发现，确实收到了事半功倍的效果。

《分数基本性质》一课的导入，我编了这样一段《趣谈西游记之分饼》的故事：

一天，唐僧得到了三张同样大小的饼（演示三个同样大小的圆），他把三张饼分别平均分成了 4 份、8 份、12 份，让悟空、八戒、沙僧三个人分别取其中的 3 份、6 份、9 份（板书 3/4、6/8、9/12）。话音刚落，他们都瞪大眼睛看着师傅，好像在说：师傅今天怎么啦？3/4、6/8、9/12，各不相同，以前师傅可从不偏心呀？唐僧看透了他们的心思，神秘地笑了笑说："徒弟们，我的分配公平吗？为什么呢？你们好好想想吧？"

学生在聆听的过程中很自然地产生了疑惑："为什么师傅会把饼分成这样三个不同的份数？"由于急于想知道分法是否合理，他们自然而然地拿出学具操作起来。学生将三个相同的圆分别平均分成 4 份、8 份、12 份，然后取其中的 3 份、6 份、9 份（分的份数和取的份数要对应好）进行比较，最佳的教学情境创设成功，带着强烈求知欲的学生便急于利用手中的学具进行探究、验证，为新课的教学作了有效的铺垫。

【点评】

伟大的科学家爱因斯坦说过："兴趣是最好的老师。"一个人一旦对某种事物有了浓厚的兴趣，就会主动去求知、去探索、去实践，并在求知、探索、实践中产生愉快的情绪和体验。教师懂得利用这一点，根据学生年龄特点和兴趣爱好，在数学课堂中引入故事，激发学生学习数学的兴趣，使自己的数学教学收到了事半功倍的效果，也使自己成为一名充满教学智慧的教师。

张文英

“问题生”变成“提问生”

数学教师、班主任　赵京红

时光如梭，转眼之间我的教师生涯已有24个年头了。回想这些年来与孩子们在一起的点点滴滴，脑海中浮现出一个个生动的镜头，有太多太多值得珍藏的片段让我回味一生，尤其是那些问题学生的故事更让我记忆犹新。

他叫沈某。通过其他老师我了解到，他很聪明，但是又特别调皮。起初我不相信，但是，事实无情地打碎了他在我眼中的形象，彻底抹杀掉了他在我脑海中良好的第一印象。

接班时间不长我就发现，课堂上沈某总是不专心听讲，小动作不断，屡教不改，下课的时候经常和其他同学发生冲突。一次，在教室里发生了一起比较严重的违纪现象，而肇事者就是沈同学。当时有学生跑到办公室告诉我，他在教室里扔书本。我急匆匆地赶到教室一看，只见满地都是书本，有很多书本都掉了页，一片狼藉。看到我来了，其他学生都呆呆地看着我，而他正拿着一本书向另一个学生头上砸去。

我当时不由分说，把几个扔书本的学生叫到办公室，对他们进行批评教育。其他学生都乖乖地认了错，只有他好像圣斗士一样，说什么也不愿意认错。于是，我把他一个人留下谈话。我问他："假设别人在教室里面胡闹、把你的书本扔到地上，你会怎么想？如果这些书本弄脏了、破了你还怎么用？万一扔出去的书把同学的头或眼睛碰伤，后果会有多么严重？虽说你只是觉得好玩，但是，玩也要有个度。"经过我的这一番教导，沈同学很快承认了错误。我见他确有悔改之心，就答应不把这件事告诉他父母。当时，他非常感动，保证不再重犯。通过这件事，我和他之间有了互相信任，之后他都特别听我的话。

那次扔书事件以后我发现，他和同学相处得越来越和谐，做事也有了理智。我不由得感到一阵欣慰。

沈同学虽然非常聪明，但成绩并不优秀，因为他对学习没有兴趣，缺乏学习动力，精力没有完全投入到学习中。于是，平时我和他谈话时就有意识地渗透一些学习内容，上课时我刻意多提问他，对他的作业也尤为关注。特别是在他做对了一道题、完成了一份漂亮的作业后，我往往会给予他肯定与鼓励。

正如我所期望的，沈同学的学习兴趣有了很大的提高，而且学习的刻苦程度也达到了前所未有的地步。以前是我追着他要作业、督促他改错，现在是他主动找我提问。其他老师也觉察到了这一点，渐渐地改变了对他的看法。不知不觉到了期末，他的成绩跃居优秀行列。

在帮助沈同学改变的过程中我切身感受到：在帮助学生的同时我也发现了自身的价值，在提高他的同时也提高了自己！

【点评】

所谓“教学相长”正是如此。教师绝不是蜡烛，只能燃烧自己照亮别人。教师是灯塔，点亮自己为他人引路。教师在教授学生的同时，自己会摄取更多的知识；在教育学生的同时，自身也得到教育，心灵得到洗涤，从而不断完善自己，超越自己。在提高学生的同时，也提高了教师自己！

张文英

她变得从容多了

英语教师　龚思园

我站在三尺讲台已是第三个年头，无论是教学教法还是课堂环节的设置都摸到了一些门道。我在平时的教育教学工作中，摸索实践我校的“知心教育”理念，它正与审美教育的特点相符合，都是以情感为核心，以实现人的全面发展为宗旨。可以说，体验“知心教育”就是实践“美育”。

小W是个十分内向的男孩，他平时表现出学习习惯差、学习缺乏自信、上课时常走神等情况，经常回答不出老师的问题，说话总是结结巴巴、含含糊糊，无法使人听清。一次课堂的口语对话中，我让同学们用“Who's your friend？Can you express him or her？”来描述自己的朋友。多数学生说得很有条理。这时，我发现小W又走神了。于是，我就叫起了他：“小W，what about you？”他明显一愣，随即慢慢吞吞地站起来，坑坑唧唧说不出话来。我知道他不知道，没想为难他，便又问了一遍。他状似在思考，我换了种方式，问道“Do you have some friends？”“Yes, I do.”他连忙回答。我不确定他是否明白我的问题，便深问了一句“who's he？”他果然又沉默了。我一边指向他的好朋友小A，一边进一步引导“Is he your friend？”他好像明白过来，便说“Yes, he is.”我看出他明白了，便问“What do you think of him？”他不知如何描述，尴尬地站在那里。“Is he tall？”我边说边做动作。他立刻呼应“Yes, he is.”“Is his hair long？”“No, he isn't.”我问了几个可以用“Yes”或“No”回答的句型，三轮之后，我便又问“What do you think of him？”并引导他将之前我的问题串起来、变成他的回答。用英语流利表达并非一蹴而就，这需要反复的练习与应用。在课上，我经常鼓励他“Never mind！”“Take easy.”“Don't be shy.”让他有勇气回答老师的问题；在课下，我给他找了个小伙伴，督促他的英语学习。渐渐地我发现，他上课时注意力集中了，虽然鲜少举手发言，但只要老师叫到，他都能从容发言了。我知道，改变一个人需要循序渐进的过程，学习亦是如此。训练学生在课上大胆进行语言交流时，要尽可能地为学生创造一个没有压力的语言氛围，错与对并不是首要关注的，首先要学生“敢说”才能“会说”，进而激发学生们的学习热情。

在孩子的眼中，一位好老师应该是与自己有共同语言，平时和自己像朋友一样，遇到困难时能像姐姐一样；希望老师把学生当做自己的孩子，知心教育就是要求教师要成为学生心目中的好老师，用自己的耐心、诚心、爱心倾注的知心教育去引导每一个学生，让知心教育点亮每一颗孩子心。

【点评】

每个学生都希望得到教师的关注，尤其是学习薄弱的学生。在课堂中，教师为了顺利完成教学任务，经常请学习优异的学生回答问题，这样能够使教学看起来更加顺畅，但是，我们教学的最终目标不应该是教学顺不顺畅，而是是不是使每个学生都能够取得收获。龚老师在课堂教学中，能够关注学生的个体差异，对个别学生实施积极有效的引导，用鼓励的语言培养学生自信心，从而激发学生主动学习的愿望，取得了较好的教育效果。

周京胜

墙壁上的花朵

书法教师　韩春燕

苏霍姆林斯基说过，不要急于处罚学生，要好好想一想，是什么促使他犯这种或那种过失的。要是设身处地为孩子们想一想就会相信，他们会通过自身的努力来改正错误的。体罚是权威制度的残余，在时代的意义上说它已成为死去的东西；它非但不足以使儿童改善行为，相反，它是将儿童挤下黑暗的深渊。学生进入高年级后，他们的交往范围逐渐扩大，社会活动能力不断增强，吸收新事物、新知识的能力都在不断提高。他们开始有了自己的主见、自己的选择、自己的意愿和自主的行为。

通过教育实践，我在不断转变教育思想，对待一些特殊家庭成长的学生，更要特别尊重他们、关心他们、理解他们，对他们的教育不能只是批评、处罚。四年级的褚同学就是一名我很关注、而且要特殊对待的学生。先来听听我们之间的一个小故事。

一次下课后，前排同学们都按顺序走出了书法教室。突然，坐在最后一排的鹿同学把手举得高高的。

“什么事？”我问道。

“韩老师，我把墨撒到地上了。”他吞吞吐吐地说。

我一听气就不打一处来。最害怕墨撒到地上，三年了，书法教室的卫生一直保持得都很好。我赶快走过去看，墨汁不仅洒在地上，还溅到了墙面上。

“怎么弄的？”我阴沉着脸说。

“是他抢我的东西，我一躲把墨盒打翻了。”鹿同学说道。

我一听立刻把目光转移到旁边的褚同学身上。这时的他没敢抬眼看我，坐在位子上默不作声，面无表情。

要是以前，我肯定会好好把学生批一顿。我平静了一下心情，说道：“快去把擦地抹布拿来，我们把地先擦干净。”

两个孩子立刻拿来了工具。“先用手纸把地上的墨汁吸干，然后把抹布拧干在擦地，”我边说边示范，两个孩子学着我的方法一起擦着地。七八分钟的工夫，地上的墨擦干净了。这时的我气消了很多。我的目光又被墙上的墨迹吸引了，心想：这真是不好办呀。

我起身问：“墙上的墨没办法擦，怎么解决呀？”我盯着他说道。这时的他歪着脖子和肩膀，眼睛看着墙上的墨迹，不吭声。

“让你爸爸买漆，过来刷墙吧。”我说道。我知道他怕爸爸，不愿意爸爸知道。

“不行。”他回答得很干脆。

“你要想办法，你做的错事，你就要负责。”我严厉地说道。他扭着脑袋、斜着眼睛又不出声了。这时，我严厉地批评了他。我相信此时他深刻认识到自己的错误带来的严重后果。

“想别的办法也行，看不到墨点就可以，你这么聪明，动脑子想想吧。”我心平气和地说。

“用水彩笔涂涂。”褚同学说。

“越涂越脏，我试过。”我回答道。

“用蓝粉笔擦。”“用胶条粘。”“用……”两个个孩子你一言我一语，开始想办法。越说越离谱。

“都不行。”我说道，“你们想想，美术教室的墙壁，贾老师是怎样装饰的？”

“用彩纸贴了很多花草。”

“对呀，你们也用彩纸剪些花草，贴在墨点上，不就行了吗？”我说道。

“好，现在就剪去。”褚同学跑回了教室。

下午两节课后，两位同学拿着一堆彩纸和剪好的几朵花来到办公室找我，“韩老师，您看行吗？我们剪不好。”

我拿过彩纸剪了几个样子，让他们回去照着剪。刚刚放学，他俩拿着新剪好的小花又来找我。我们一起来到书法教室，把小花粘好。墙面上没有墨点了，只有一些盛开的花朵。

每个孩子都有着不同的性格、习惯，而形成他的性格又有多方面的因素，有来自家庭的教育方法，有来自社会的影响等方方面面。褚同学自小在老家跟曾祖母生活在一起，父亲来北京打拼多年，而且家庭为重组家庭，父亲对他管教很严厉，让他比较畏惧，去年才被接到北京上学，12 岁的年龄在二年级上了一年，今年直接跳到四年级。他长期得不到父母的关爱，在曾祖母的溺爱下成长，来到北京面对陌生的环境，甚至要重新适应新的家庭，对于一个 12 岁的孩子来说实在是太难了。这样也容易产生对父母的怨恨之心，对于老师的逆反心理也会很强。在近一年的时间里，我通过与班主任老师的沟通以及平时与他的交流了解到，他是一个很懂事的孩子，很要强，爱面子，爱管人，爱表现。

这样的学生更要与他多交流、多沟通，于是，我经常与他闲聊，有事没事就让他帮我干干活、管管班，在同学面前给他树立威信。时间长了，他会感受到我对他的关注、关心、尊重，会把自己一些真实的想法告诉我。比如，他犯了错误时也想改正和补救，批评对他来说只能让他在同学面前丢脸。就这一点，如果一味地批评反而会使他产生抵触情绪，应该让他主动补救，并给予恰当指导。因此，一开始我并没有暴风骤雨式地批评，而是观察他的态度和举动，但是学生的缺点错误必须要指出来，让学生认识到自己的问题，吸取教训。对他的批评教育要抓住时机，在适宜的时间提出来。我要求让家长来刷墙，这时他的情绪最激动，回答是“不行”，并且态度、语气带出一种不屑、较劲。后面我又引导他想办法，夸他聪明，希望他通过自己的努力弥补过错，让他吸取教训。

知心教育就应该不断探索能帮助孩子健康成长、能促进师生和谐相处的新方法。学生有错时，要设身处地为孩子们想一想，才能引导学生健康地成长。

【点评】

教育要有一颗平静的心。当老师的火气上来时，往往处理问题会适得其反。孩子毕竟是孩子，而教育者毕竟是成人，成人与孩子之间最大的区别就是自制力。孩子可以冲动，而教师不能冲动，遇到事情首先要学会自我控制情绪，利用有效的途径来疏导问题，这样既教育了学生，同时也能成就教师。

周京胜

坚守是一种品质

美术教师　贾燕萍

今天，一年级一班的学生按常规在美术教室门口，由负责的学生整队准备进入教室。和往常一样，一个人负责在门外踩住报纸的一角，另一个人在门内把守在靠墙的路口，以避免学生忘了行走路线把墙面弄脏，同时，提醒学生不能摸门框。

学生陆续在门口地板的报纸上跺十下脚。这时，有一名学生只跺了八下脚，负责的学生态度严厉，用呵斥的语言批评同学，并要求他补齐没跺的两下。此刻，我一定及时表扬学生的责任心和认真做事的态度，同时提醒负责的学生注意说话的态度，要懂得尊重同学。

每天，我和每班负责的学生都要这样重复着同样的事情。而且每班下课后，第一组的学生和我一起用五分钟的时间，按照分工完成扫地、擦桌子、收作业、收书、换下节课用书、检查椅子与桌边的摆放距离、倒垃圾、换踩脏了的报纸。所有这一切，我们做得井井有条。标准就是以干净整洁的教室迎接下一个班级来上课。

试想，一周 17 课时，一个学期按 20 周算，总计 340 次做同样的事情。至今，五个学期就是 1700 次。而我和学生每天为了给下一个班级创造整洁的学习环境，我和他们一起默默地坚持下来。

如今，知心宝贝们爱我、爱教室里的一切，溢于言表。更让我欣慰的是，他们已经成为我的同盟，虽然偶尔会说我洁癖，但是，我喜欢这样的评价。

作为知心教师，如何为人师表？我想，就是要让学生感受到，在别人眼中看似很小很小的小事中能以身作则、做学生的榜样。让学生懂得坚持、懂得担当，更要懂得坚守是一种品质。

【点评】

养成教育的难点就是从小事做起、从细节做起，做到持之以恒，积累起来就会大的收获。贾老师的举动实实在在地告诉了我们，坚持就一定会有成果，坚持是意志，坚守是品质。

周京胜

善待不一样的她

语文教师、班主任　荣　洁

平等地对待每一名学生，是教师应做的。作为知心教师，就更要关注每名孩子的成长，尤其是别人眼中的“问题生”。对这样的学生，教师不仅要谆谆教导，而且要换一个角度与他们沟通，因为他们同样需要每个人的爱，他们同样渴望得到老师赞赏的目光、得到老师的鼓励和宽容。

有这么一个小姑娘。坐在教室里，还真看不出她和别人有什么不一样——小美(这是今年我新接的二年级里一个特别的孩子)。她是一名随班就读的学生，属于中度的智力障碍。小美的父亲没有接受过教育，也没有稳定的工作，母亲在生了她们三姐弟之后就离家出走了。一家大小靠年迈的爷爷和奶奶挣钱养活。

刚一接班，我就把小美的座位从最后一个调到了第一排，并且在观察了一段时间后给她安排了助学伙伴。先开始的交流我们通过助学伙伴传话来达成，这样孩子就不那么紧张了。过了一段时间，我发现小美敢盯着我看了，我就试着俯身去和她聊天，她不做声，但是并不排斥。随着次数越来越多，我们已经能一问一答地聊上几句，有几次小美甚至主动来找我说话，虽然只是几个词，我依然高兴地摸着她的头发，竖起了大拇指。

小美上一年级时不会用尺子画直线，经过长时间的训练，总算学会画直线了。于是，书上和作业本上就出现了许多长长短短的直线，我发现后刚想批评她，突然转念一想：这会不会是她在显摆自己的画线本领呀？于是，我马上出了一张小练习，把最近学习的生字、课文中动物的名字和插图等排成两列，作为作业让小美完成。没想到，中午自习过后我就看到工工整整的作业纸放在讲台上。其中大部分连线是正确的。于是，我立刻用实物投影展示了小美的作业，在全班同学面前表扬了小美。看到她的笑容，我真庆幸自己没有张嘴就批评她。

在和她的教育互动过程中我明白，在随读生的教育中，教师必须克服浮躁情绪，不能急于求成，需要耐心细致做好教育工作。教育过程中认真观察随读生的心理动态，把握她们的行为趋向，挖掘她们潜在的积极因素，捕捉她们身上的闪光点，因势利导，循循善诱，充分利用其本身的内动力去完成学习、工作。在对小美的教育过程中，我经常根据实际情况实事求是地确定出可行性目标，让她既能较好地完成，也能从中体会到进步的乐趣，从而树立起自信心。

我想，对随班生的教育工作是一个漫长的过程，我们要用诚挚的心、真诚的爱去善待每一位学生，尤其是随班就读生。尽职尽责地开展随班就读工作，使每一个学生都得到全面发展。我们作为孩子的启蒙老师更要关注他们，为孩子树立正确的思想观念，这样才能使每个孩子都能幸福健康地成长。

【点评】

世间万物，千差万别。站在不同的角度，我们看到的学生就会完全不一样。如果我们站在学生的角度、以学生的方式去看待或推断一些问题，就会产生强大的教育力。善待我们的每一名学生，就是荣老师案例里所体现的“知心教育”本真。

王爱华

沟通，从心开始

英语教师　王　华

“知心教育”是我校的办学特色。它指出，我们的教育要深入学生心理，一切从学生实际出发，做学生的朋友。从知心教育派生出了很多特有的词汇，如：知心宝贝、知心课堂、知心教师、知心校园等。作为其中的一员，我深感自豪，也一直努力做一名学生喜爱的知心教师。

从事英语教学工作已经十几年了，我始终为自己从事这样一份外语教学工作而欢呼雀跃着。

记得在一次六年级的课堂上，当教学进行到一半时，我看到坐在第一排的小祥正低着头捣鼓东西。我过去一看，原来他正在玩玩具，我的火一下起来了，要知道，小祥的英语成绩很差，几乎次次考试都挂“红灯”，要知道，为了培养他们对英语的兴趣，我花了很长时间查资料、制作精美的课件……他居然还不听讲！我再也没心情讲课了，一把抢过他的玩具，大声冲他喊道“干什么呢你，学不学了？你都会了是吗……”班里鸦雀无声，只有我愤怒的声音在教室里回荡。再看小祥，脖子一扭，脸上也是愤怒的表情。虽然他没说话，但一脸明显的不服气。事后，我很后悔自己的行为，作为知心教师，我的表现糟糕透了，这样做只能让他对英语学习更加没有兴趣。我找来了小祥，诚恳地向他承认了错误，并把课上他没听到的知识又讲了一遍。小祥也向我承认了错误。课上那个“刺儿头”不见了。

又一次，我们正在用“What are you doing？ We're...”练习说句子。小祥正在低着头写着什么，过去一看，这回他正在画画呢。有了上次的经验，我语气平和地问：“What are you doing？”也许他也没想到我会这样问他，或许是他根本没听懂我的问话，还是不知道怎么回答，他没做声。我转向其他学生问道：“Who can help him？”马上有同学举手做答：“He is drawing.”我请小祥说：“I’m drawing.”他轻声地跟着说了一遍，我对他点点头，加上一句：“Very good！”只见他不好意思地笑了，在接下来的时间里，他一直认认真真听讲，还积极举手回答问题呢！

用“真心”与学生建立良好的沟通方式，形成课堂上师生轻松和谐的氛围，不但能满足学生的求知欲，还能培养学生学习英语的兴趣。教师要爱每一名学生，让学生喜欢上你，享受学习带来的愉悦，才有利于成为一名善言善行的人。这才是教育的根本。

“知心教育”是渗透着爱的教育。在充满爱的氛围里，学生们才能快乐地学习。夏丏尊有句名言：“教育是一门爱的艺术，教育不能没有爱，就像池塘不能没有水一样，没有爱就没有教育。”

【点评】

不同的教育方式能够取得不同的教育效果，这就是教育的智慧。教师只有将教育深入学生的内心，不断总结自己教育教学过程中的得失，不断地反思教育方法和手段，不断地将教师的爱洒向学生的心田，教育的鲜花才能美丽绽放。犯错误是学生成长过程中必不可少的，不管是有意还是无意，教师都应该从尊重学生的角度处理问题，不恰当的方式只能带来学生心理上的逆反，而正确的方式往往会带来事半功倍的教育效果。

周京胜

“偷闲”的孩子不再“偷闲”

科学教师　李秀红

织染局小学的办学特色追求是“知心教育”，力图通过知心教师、知心校园、知心家长、知心校园、知心社区、知心宝贝、知心课程的建设，整体性、立体化构建知心教育体系，坚定地走内涵式发展道路。因此，在织染局小学科学课的教学上，以培养学生科学素养为宗旨，要求教师教学要面向每一名学生，引导学生主动参与教学活动；在教学活动中，以探究为核心，以小组合作为主要的学习方式，提高学生的科学素养。除此之外，我主要在教学中结合学校的知心教育办学特色，力争做一名合格的知心教师。

在一次教学中，我发现了一个奇怪的的现象：合作学习中，有些孩子手忙脚乱，有的孩子则好似事不关己，在一边独自“偷闲”。下课后，我就叫住了一个“悠闲”的孩子，问他：“你上课的时候怎么不和同学一起动手学习呢？”这个孩子满怀委屈地说：“老师，不是我不想和他们一起学习，而是他们不让我玩实验器材。”孩子的一席话使我陷入了思考：什么样的小组合作学习才能使孩子们都乐意动手呢？如何恰当地发挥小组长的作用呢？

于是，我在班上花了一节课的时间，进行了科学课以外的合作教育训练：蚂蚁搬食物的活动。首先我说：“当一只小蚂蚁发现了一只死去的蝗虫，它会怎么做呢？”孩子们积极汇报自己平时的发现。“对，一只蚂蚁虽然很小，力量也有限，但小蚂蚁迅速找来同伴，齐心协力就能把比自己大几倍甚至几十倍的食物运回‘家’。那你们在学习中遇到困难怎么办呢？”同学们通过讨论认识到，同学之间应该互相帮助，取长补短，团结协作。经过我的帮助，学生们学习合作的气氛慢慢浓了，组内关系也更加融洽了。课上分组活动的时候，组长会根据每个人的优势与特长分配任务，尽量让每个人都能参与其中，孩子们都更愿意参与小组探究了。

有人曾说过这样一句话：“不说没有效果的话，不做没有效果的事。”我想说：作为知心教师，要及时发现学生中的问题，及时改正，这样才有利于学生的全面发展，才会有最好的效果。

【点评】

一个现象引起老师的注意并进行策略研究，十分值得提倡！作为织染局小学的科学教师，不只追求学生对知识究竟知道多少，而是让学生通过活动体会和领悟小组如何合作学习，获得小组合作学习的能力！这样的小思考、小研究必将筑就知心教师的基本素养。

王凤岭

孩子与新朋友

体育教师　齐　勐

知心教育是一片充满生机的广袤土地。知心教育是追求学生潜能发现、发展的教育，是学生自我教育能力提高的教育。知心教育是为每个学生创造公平竞争机会、创造成功机会、创造全面发展机会的教育，以全面提高学生素质为目的的教育。

作为一名体育教育工作者，我在教育教学实践中不断探索知心教育的内涵，丰富知心教育的内容，从实践中去体会，从教育教学中去改进。下面这个小故事是我在教学过程中的一段小插曲。

篮球是小学生非常喜欢的一项体育项目。记得我上学期体育课教篮球时，给学生设计了一节原地双手胸前投篮课。我进行了讲解、示范、辅助练习之后，就让孩子们自己练习。男孩子们练得可高兴了，有的争先恐后地要我看他们投篮，有的同学之间互相比试着，有的在自我尝试着，练习的积极性特别高。

这时我发现，班上的女孩都呆呆地站着，也不练。我走过去，旁边的小男孩大声地说："老师，她们不敢的！"接着，周围的男生都哈哈地笑起来。她们都不好意思地低着头不说话。我看着她们，亲切地说："不敢，没关系的，篮球是好朋友，你们要和它成为朋友啊！"于是，我耐心地一步一步地引导她们，教她们怎么拿住球，再教她们怎么去投，并及时地鼓励道："慢慢来，要和篮球成为'朋友'，不要对这个'朋友'心存畏惧好吗？老师相信你肯定能和它成为朋友的。万事开头难，对不对？"有同学心动了，终于，大部分女同学都动起来，去尝试着投篮了。我就及时在旁边给她们打气，"来，由近到远、循序渐进，不要着急。"在我的鼓励下，她们终于都去尝试了，这时，我高兴地说："看，你们真棒，能把球投出去了。再试试，能不能把球投进去。"

在后面的练习中，她们都坚持不懈地练习，直到下课，累得满头大汗。在课结束前的小结时，我在全班表扬了她们，虽然在本堂课中女同学能进球的没几个，我还是认为她们获得了很大的成功，因为她们战胜了自己的胆怯和自卑，找到了自我，找回了自信。"你们今天有了很大的进步，特别是女同学，如果你每天坚持练，老师相信你们一定都能和篮球成为好朋友的，要对自己有信心！"

在我的督促下，在她们自己的努力下，不过几节课的工夫，她们中绝大部分同学都差不多掌握了投篮技巧。成长需要激励，每一名孩子都希望自己是成功者，都期待着收获肯定和赞誉。著名教育学家第斯多惠说："教育的奥秘不在传授，而在激励、唤起和鼓舞。”老师要根据学生的这种需求，充分发挥激励的作用，激发学生去实现这种需要的欲望，使他们产生内在动力，朝着所期望的目标努力奋斗与前进。当学生产生兴趣后，因成功而产生的自信心有利于形成追求新目标、新成绩的新动力，随着新成绩的取得，心理因素再次得到优化，从而形成发展进步的良性循环。

【点评】

齐老师的可贵在于激励学生敢于尝试！我们面对孕育着无限能力的儿童，就如同面对一颗颗沉睡在土壤中等待萌发、盼望破土而出的种子。教师应该是唤醒者，是鼓舞者。我们在教学上既要充分发挥每一名学生已有的“显能”，更应创设条件挖掘每一名学生的“潜能”。在尝试中，创设“试一试”环节，为培养学生主动探索提供有利的空间保障，也为孩子的成功诱导出一条路。

李谷壹

我灵机一动想出了办法

信息教师　孙 亮

“我充分调动学生主动参与的积极性了吗？”“我尊重、激发、引导学生的学习了吗？”“学生在知识、能力、方法、情感等方面有什么收获？”这是知心课堂中我常常问自己的三句话。

一次信息技术课上，我做过演示并布置了练习要求后，学生开始操作了。机房中孩子们聚精会神地操纵着，鼠标指针在屏幕上穿行，我满意地环顾一下全场。这时，突然听到第二组传来清脆的声音：“老师快来呀，我的鼠标好像坏了！”“坏了？昨天没发现呀……”我一边嘀咕着一边走过去。报告的是一名平时很听话的同学，他正撅着个嘴，眼巴巴地等着我“手到病除”呢。我点击了一下鼠标左键，果然没有任何反应，连按下按钮时熟悉的“嗒嗒”声都听不到。从手感上觉得硬件损坏的可能性很大，但我还是侥幸地想：是不是软件设置不对呢？当下通过键盘操作，进入“控制面板”，打开“鼠标属性”，仔细查看了各个设置，没问题呀！再在桌面上点击右键，快捷菜单立即弹出来！糟糕，果然是左键坏了。课后再拆开修吧。我叹口气对他说：“这个鼠标坏了，老师要花时间修，这节课用不成了。”“啊？那怎么办？我这节课没有电脑用了？”他急得小脸通红，“好不容易一周才有一节电脑课！”我连忙说，“别急，老师再想想办法。”可是你说能有什么办法呢？整个机房中，没有设备可以替换，平时准备的鼠标备件正好用完了，“怎么办呢……”我的目光又移回到屏幕上，无意中看到了刚才弹出的右键菜单，灵机一动，“有了！”鼠标左键虽然坏了，但是右键还是好的呀，在Windows系统中，允许把鼠标设置为左手使用，左右键一交换，损坏的键不就到右边去了么？虽然这样一来，右键菜单无法使用了，但解一时之急还是没问题的。没想到微软为“左撇子”专门设计的贴心功能，今天用在了我的课堂临时救急上。于是，再次进入“鼠标属性”设置，选中“按钮”标签页中的“按钮配置——左手习惯”，然后把鼠标线绕到屏幕左手边，用左手食指一点，能用了。怎么样？没想到吧，我还有这么妙的招数？我自己心里也有点儿得意，对李扬说：“你看，现在只要你用左手来拿鼠标，就可以和其他同学一样点击了。”他试着把左手搭了上去，食指一点，果然选中了桌面上的“画图”图标，双击，熟悉的“画图”窗口出现在面前。他高兴起来。

社会对学生的关注远远高于对教师的关注。时代在进步，社会在发展，我们教师也要与时俱进，在教学方法上追求创新，在与学生的沟通上要做他们心灵的导师。我们要维护教师的尊严，同时也要与学生做真正的交流，师生共进是如今校园的潮流。只有这样，我们才能真正体会到为人师的幸福所在。

【点评】

孙老师真棒！在课堂教学中他真的做到了关注到每一个！特别是通过动脑筋，首先解决了孩子学习情绪问题！老师通过动脑筋解决问题的态度和思路一定会潜移默化影响学生，学生会在心里竖起大拇指：我们老师真行！每一位知心教师都应该成为让学生佩服的引路人！

王凤岭

跑道上的“小螃蟹”

体育教师　涂彩云

教师给学生创设一个宽松的学习环境，尊重学生，可以使学生变被动学习为主动学习，使教师的教和学生的学融为一体，从而收到事半功倍的效果。

在一节二年级30米快速跑的体育课上，学生们做好准备活动，正摩拳擦掌、斗志昂扬地准备比赛。我组织好队伍，比赛开始了。

“加油，加油！”助威声此起彼伏，学生们个个争先恐后，经过纠正指导后的技术动作比以前好多了。一轮比赛结束，有的学生为取得胜利手舞足蹈，有的孩子则为失败而沮丧不已。我抓住时机，让学生思考怎样才能跑得更快。学生开始讨论，有的认为摆臂姿势很重要，有的认为步子要迈大一点……气氛非常热烈，教学效果非常好。

“老师，我能不能横着跑？”一个稚嫩的声音在我耳边响起，随之而来的是学生们的哄堂大笑。

“这不是捣乱吗？”我纳闷了，寻声望去，一个男生正满脸疑问地看着我，原来是第一轮小组赛跑最后一名的一位同学。“为什么要横着跑？”我耐着性子问了一句。

“我喜欢横着跑。”他理直气壮地回答：“有一次我抓螃蟹，螃蟹是横着跑的，而且跑得很快，我抓了很长的时间才把它抓住，螃蟹既然能横着跑，那我为什么就不能横着跑呢？”随即引来其他同学的哄堂大笑。

“咦，怎么会有这种道理？”我觉得无所适从，不知如何是好。此刻我想起了师傅和我说过的，作为一名体育教师，面对学生课堂上的突发状况，要善于观察学生的学习情况，用最短的时间处理好。于是，我边想边说：“同学们可能觉得这位同学的想法很好笑，但老师觉得他很聪明，平时很注意观察。那第二轮比赛我们比横着跑吧。先请这位同学给大家做一下示范。”在我的带动下，大家鼓起掌米。

他走出队伍，侧身对着跑道，像小螃蟹一样张开双手开始示范，虽然动作看上去有点古怪滑稽，但确实挺快的。我再仔细一看，其实他做的动作不就是篮球训练中的滑步动作嘛！看着看着，其他学生不由自主地模仿他的动作练习起来。

第二轮比赛开始了，比赛气氛比第一轮还要激烈，想不到学生们对这种怪异的跑法还挺感兴趣，但是由于动作不协调，跑的动作令人发笑，有的还跑成交叉步。当然，那位小男生成为小组赛的冠军。

“同学们，老师还想让大家思考一个问题，到底哪一种跑法最快？”比赛结束后，我又给学生出了一个问题。学生们三三两两地聚在一起开始讨论。片刻之后，同学们自发地组织比赛，大多数的比赛方法采取两个直跑、两个横跑。我特意观察提出横着跑的那个小男生，他在比赛中都是最后一名。

结论可想而知，大家觉得直跑是跑的最快的动作。这时候他躲在队伍的最后，低着头，他也觉得横着跑不是最佳的方法。有几个小朋友开始嘲笑起他来。见此情景我微笑着说道："同学们，今天我们用比赛方式复习了快速跑的动作，也知道了跑得最快的动作。特别是有的同学从螃蟹横着走想到人横着跑，这种迁移的想法真好。我们也尝试了。实际我们篮球、排球比赛中，奔跑与步伐就是横着运动。所以，老师希望同学们以后在学习上敢于创新，敢于发表自己的想法。"

此时，那位同学脸上流露出的是得意洋洋的神情，学生们也投去羡慕的目光。

通过这件事，我觉得作为一名体育教师，应该善于观察学生的学习情况，正确、恰当地处理课堂上由创新或奇思妙想而出现的问题。它需要教师有耐心和爱心；其次是要研究，不要轻易地把学生行为定格为捣乱；更不要大发脾气，应沉着、冷静、灵活、机智地对事件进行有效调控，变不利为有利，多加鼓励，并给予必要的启发及指导。这样，既不伤害学生的自尊心，又恰如其分地把各种技能传授给每一名学生。

【点评】

我为老师抓住课堂生成、科学处理而鼓掌！每一片树叶都是不一样的。五个手指不一般齐，孩子也各有各的本能与特性。个性独特，这是人类心理发展的科学规律。课堂上我们经常会遇到一些与众不同的孩子。这些孩子并非一无是处，只是性格、兴趣爱好各异。小动作多也许正是善于动手的表现，将来很有可能是个高级技师或工程师的坯子；喜欢对别人指手画脚的，也许有领袖型人才的素质，可能成为军事方面的人才；而蔫淘的，有一脑子"点子"的，可以培养成发明创造的创新型人才……关键在于发现和引导。如果不考虑实际情况，造成学生处于心理劣势，当然不能调动孩子的积极性和潜能。在学校处于劣势的孩子，难以得到具体帮助而翻身，往往进入自暴自弃的恶性循环。教育不是为了淘汰，而是为了发现和选择不同的人才。

李谷壹

孩子们，让我们跟着音乐讲故事！

音乐教师　王苗苗

著名音乐家卡巴列夫斯基说过："激发孩子对音乐的兴趣，是把音乐美的魅力传递给他们的先决条件，培养和激发学生学习音乐的兴趣，必然成为他们热爱生活、陶冶情操的助长剂。"

在我的音乐教学生涯中，有这样一节令我记忆忧新的课。

那是一节普通的音乐课，教材内容是学唱歌曲《渴望春天》。我和往常一样进行常规教学，先听范唱再进入新歌学唱。当我播放录音范唱时，学生越听越没劲，教室里闹哄哄，课堂纪律越来越差，有的学生竟然看着窗外、学着鸟儿叫了起来。我的心情也随即烦躁，但这鸟儿的叫声又让我脑海中冒出了个大胆的设想：让他们思考如何用最简单的方式捕捉到有关春天的声音并表现出来，讲一个春天的故事。没想到，学生们的创造力让人刮目相看。有的学生说：春天是万物复苏的季节，当然应该有小鸟的叫声，于是他用口哨模仿小鸟的叫声。其他孩子也跟着模仿起来，可是他们的方式方法却完全不一样，有的孩子用双手合起来，模仿布谷鸟的声音；有的带来了小时候玩的模仿小鸟叫声的玩具，表现得惟妙惟肖；有的甚至还通过音色来模仿乌鸦的叫声；就连平时我们不经意翻书的声音，也被同学们艺术地表现出了小鸟扑扇翅膀的声音。孩子们的想象力实在是太丰富了，每个生动各异的表现都赢来了其他同学叹服的掌声。就在这一次次的掌声中，同学们的思维越来越活跃，有的同学说："春雨贵如油，春天是一个多雨的季节。"于是，她拿起准备好的报纸通过抖动来模仿下雨淅沥沥的声音；几位和她一起合作的小伙伴也拿起报纸，不停地摩擦来表现雨声越来越大和渐渐消失的声响。还有位同学拿出一个饼干桶，敲打出雨点落在脸盆里的声音。最出奇的是，有一位同学竟然拿出了一个模仿雷声的玩具。实在太形象了，这个组合配合得最为默契，也是获得同学们赞扬最多的。

最后，我让同学们又回到歌曲《渴望春天》当中，寻找歌曲传递给我们的春天的讯息。孩子们表现出了极大的热情，就在这种探索的热情当中同学们轻轻松松学会了这首歌曲，并在这样一个氛围当中结束了音乐课。

"知心宝贝"如同一株株花苗，要浇之以爱，灌之以鼓励，她才能绽放美艳的花蕾。让音乐走出教材，立体地呈现出故事情节，以音乐的独有魅力和感染力，在"知心校园"中开阔学生的视野，拓展音乐文化知识，使心灵得到净化、精神得到升华，用音乐滋润"知心宝贝"的心田，从而不断提升"知心宝贝"

的音乐素养和音乐水平！

【点评】

老师要有课上灵机一动的本事！因为我们的课堂是生命的课堂！音乐形象充满了童趣和想象。孩子很容易把自己的生活迁移到音乐情节中去，在笑声成群中开展的活动是孩子们情感释放的最好路径。

李谷壹

别人行，你也能行的！

体育教师　徐胜云

一句简单的鼓励学生的话，老师并不会觉得有多重要，因为我们每天都会说上很多句；可是对于学生，这样一句话，可能会创造出一个小小的奇迹。

这学期，五（1）班一节以跳绳为主要学习内容的体育课上，当我组织学生们分组进行跳绳练习时，发现鲍同学两手空空地站在一旁。于是，我走到他身边轻轻问："你为什么不和同学们一起练习？是不是没带跳绳？"

他马上从口袋里掏出绳子，对我说："带了。""那你赶快练习吧！"说完，我转过身去观察别的学生，等我回过头来，发现他还是站着不动，"你怎么还不跳啊？"我有点儿火了，他见我声音大了，马上把头低下去，我问他是不是不会跳，他点了下头，我把声音放低了，对他说："你不会跳，更要练习，多练就会了。快跳，我在旁边教你。"他又说："我不想跳。""为什么？"我的声音又大了。他的头马上又低下了，隔了会儿才细声细气地说："他们要笑我的。"他的话刚说完，边上有几个男同学果然笑了起来。

原来他是怕别人笑，更主要的可能是缺乏自信。问清原因后，我对他说："不要怕，没关系的，他们开始也不会跳的，也是刚刚学会的。"说着我让边上的男同学一起给他鼓劲，又继续鼓励他："慢慢来，不要急，你先学会跳一个，再两个连起来跳，再三个连起来……慢慢地就会了。他们也是这样学会的。"

他慢慢地抬起头来。看到他有一点心动的样子，我接着鼓励他："要相信自己，别人行，你也能行的！这样吧，星期天你回家多练习几次，下个星期你要是能连续跳10个，就告诉我，跳给老师看看，我就奖给你两个小星星，好吗？"

其实，在课堂上像这样的学生、这样的事常常发生，每一次也都是这样处理的，因此，我也没把这件事特别放在心上。可是，这个孩子给了我一个惊喜。

课上，我刚组织好学生分组练习，他马上就跑过来对我说："老师，我会跳了，我跳给你看！"说完就跳了起来。不错，能连续跳11下了，还没等我表扬，他又对我说："我还能跳得更多。"说完又跳了起来。他又给了我一个惊喜，这一次他整整跳了40多下才停了下来。真不错，我马上表扬了他。

自此以后他变得自信多了，而且在课堂上也开始活跃起来。

对一般学生来说，教师的鼓励如及时擦亮的火柴，会使学生热情高涨、积极上进，可谓"点石为金"。他的闪光之处如晨露夕晖一样宝贵。鼓励是开启学生心理情感大门的钥匙。

【点评】

孩子的积极变化是我们教育的基本功能之一！积极的变化往往来自及时鼓励！鼓励就是力量。鼓励的力量是伟大的。生活中，我们常常希望得到别人的鼓励，得到别人的认同和肯定，更何况孩子呢？一个信任的眼神，一句温暖的话语，一个轻轻的拍肩动作，对孩子都能产生意想不到的效果。相信每个孩子都是鼓励道路上、自信道路上的天才。

李谷壹

老师，美术教室真漂亮！

美术教师　贾燕萍

“唉，你发现了吗？教室的窗帘好漂亮啊。”

“对呀，上节课还不这样呢。桌上的花也是新的！”

……

每天当我站在美术教室门口迎接学生们的到来时，总会看到学生从后门走到前门的路途中，不断伸头向教室内张望着。在进入教室后，学生们也会上下瞭望、左右环顾，悄悄地和身边的同学议论教室内的变化，每当看到学生如此幸福的样子，我会立即把我的想法告诉学生。例如：设计思路、色彩搭配、材料的选择，等等，一一向学生进行讲解。而每次听到学生发自内心的说：“老师，美术教室真漂亮！”同样也是我最幸福的时刻。

在我看来，要想成为一名优秀的知心教师，应该是胸怀理想、充满教育激情和诗意的教师。这样，也才能拥有诗意的教育生活。如果教师只是日复一日、年复一年地在教，但是从没有在教的过程中寻找到乐趣，心中也没有涌起一种爱的热潮，这样的教师永远也不可能取得教育上的成功，永远也不可能把握教育的真谛。

教室环境的美化、创设美的氛围实际上，是作为美术老师的一次美术创作，而美术创作强调美术的语言性。教室环境的艺术营造，其真正功能是给学生创造一个学习“另一种语言”的环境。与学生这一个体的“人”挂钩，从观念上、意识上、视觉上充分体现素质培养和审美水平。同时我认为，氛围也是一种教育。

在营造美术教室氛围的过程中，我常常陷入一种不能自拔的陶醉与幸福之中。“老师，美术教室真漂亮！”这是对我最高的奖赏。我想，只有在知心教师真诚为学生服务的前提下，知心宝贝才会拥有良好、和谐的心理环境，才能为知心宝贝提供人格发展的空间。而一个温暖、宽松、和谐又有激励性的环境，也一定能激起知心宝贝们自我发展的欲望，去追求和创造属于自己的精神家园！

【点评】

真是不辞劳苦地布置自己的专用教室！教师的用心必然引起孩子的有意注意，这就是榜样的力量。环境育人，贾老师没有停留在理念上、没有停留在口头上，而是踏踏实实为孩子们营造艺术殿堂！每每走进美术教室，我分明看到了贾老师的人文素养！她爱孩子，爱得真切，爱得长远！

王凤岭

长大了我要当个好老师

美术教师　贾燕萍

2012年12月26日，三年级一班的学生来到美术教室上课。下课时，王同学送给我一份新年礼物，是一封信。在信中这样写道："美术老师您辛苦了，我长大要当个好老师。"背面还写着："老师回信。"

收到这封信后我非常感动，因为这是一个智力不是很好的孩子，学习成绩当然更不必说，可这歪歪扭扭的几个字却使我看到了一个孩子心中美好的理想。我即刻给予回复："亲爱的同学，谢谢你对我的关心！我相信你长大后一定能当个好老师，只要你心存梦想！祝你在新的一年里健康、快乐！爱你的贾老师。"望着这封回信，我仿佛看到王同学读信时露出的笑容。

随后，我精心地把王同学写给我的这封信装裱在一个折子上面，将它放在教室后面的柜子上。在我看来，它不是一封简简单单的信，是她内心美好的憧憬和对幸福人生的向往。

我们如何在忙碌的工作中做一名知心教师？如何传递真正的善言善行？如何培养学生选择的能力？这是我们每天要面对的问题。我认为，一个人要取得成功有两个重要的前提：一个是追求成功，一个是相信自己能够成功。而教师爱学生，一个很重要的表现就是要相信孩子，相信每个孩子都具有巨大的潜能，而且每个孩子的潜能是不一样的。

我始终认为，教师应该关注人类命运、具有社会责任感。不仅仅是给孩子们知识，教育更重要的是培养学生积极的生活态度。以积极的生存心境、积极的人生态度对待生活。教师应该非常关注社会，非常注重培养学生的社会责任感。只有教师的社会责任感才能塑造学生的社会责任感，才能唤起孩子们对未来理想的追求。

"长大了我要当个好老师！"这句话让我思考，作为教师如何做教育？我想，就是要在平凡的工作中默默无闻，倾注心血，用心做事，去唤醒孩子们心中的梦想！我认为，唤醒即教育。它将会在校园里燃烧起理想的火花，使他们的才华得到淋漓尽致的发挥。这不仅仅是对学生的爱，更是责任，是使命。

【点评】

"唤醒即教育"！怪不得贾老师那么棒！原来她有自己对教育的独到理解！她用自己的行动诠释着自己内心的教育情结！人人都有追求梦想的权利，人人也都会有自己要追求的梦。教师的意义就在于唤起学生去追逐自己的梦想。

孙有明

好习惯从鞠躬问好抓起

品社教师　张 艳

上课了，我像往常一样面带微笑地环视着所有同学，看到他们一个个兴奋的状态，我感到非常高兴，非常想马上把准备好的内容一股脑地告诉他们。

“同学们好！”我大声地向大家问好，希望让每一个孩子感受到老师良好的精神面貌和对他们每个人的关注。

“老师您好！”孩子们也回以问候并鞠躬回礼。这时我发现，有一男一女两名学生只是站在座位上，好像忘记了要回礼的事情。我走上前去请二人完成师生问候过程，目的是通过此举把他们的注意力拽回到课堂上来。女生面露歉意回礼问好并坐下了，男生却看了我一眼，低下头，依旧懒散地不发一声。旁边的同学开始催促起来……或许是他觉着单独回礼不好意思？或许是对我有什么意见？或许是课前有什么不愉快的事情影响到了他的情绪？为了缓和矛盾的僵持状态，也为了给学生一个思考的时间，更为了保障全班学生的学习时间，我请他先坐下，但提出下课得聊聊。一来想了解一下具体原因；二来向大家发出一个信号——事情虽小，但不能不了了之。

下课了，那个男生想混在人群里溜出教室，被我喊了回来，一番了解之后方知，走神儿不假，但不明白为什么非要单独回礼，故而不从。看来还挺有点儿小脾气儿哈！于是根据学校的礼仪教育，围绕“礼”字跟他掰扯掰扯，随着我们之间的和缓交流，渐渐地他态度转变过来了，鞠躬，问好……

这件事情的处理让我联想到了2012年第一期《读者》的卷首语《每个人都有影响力》（查一路）里的一段话：“不是只有明星或政坛人物才可以引领潮流或局面，我们普通百姓也都有各自的影响力。只是普通百姓的影响力往往不够明显，不够闪光和耀眼，也不那么立竿见影，但千万别因此忽视了普通人的影响力。”作为教师，教书育人是天职，我不会轻易放弃任何有可能对学生产生影响的教育点滴……

“习惯仿佛一根缆绳。”实际上，这是一句名言，是美国著名教育家曼恩说的。他说：“习惯仿佛一根缆绳，我们每天给它缠上一股绳索，要不了多久，它就会变得牢不可破。”这个比喻非常形象、智慧。把习惯比喻为一根绳索，每次行为的重复就相当于又为它缠上了一股绳索。很显然，每天缠、不断缠，缆绳会越来越粗，终于有一天，会粗到牢不可破。为了养成好习惯，每做一次，就对自己说：“缠上一股，又缠上一股！”从这个意义上讲，坏习惯如果开了头，每做一次缆绳就粗了一些，以后要去掉就困难了。

在品社课堂上，我尝试这样的强化。本能的一些东西，在没有得到强化后也会消失。关注和鼓励学生正确的行为，使之强化；批评学生的坏习惯，使之消失。这样培养学生的好习惯一定会变得更为容易。相信在不断的努力中，我们的知心宝贝会成为善言善行的健康人。

【点评】

“事情虽小，但不能不了了之。”从事启蒙教育的小学教师就是要在“小”的地方下工夫！教育机会无处不在，教育时机稍纵即逝！礼仪行为塑造，靠的就是点滴的积累和日益反复的强化，教师的责任就是要像缠缆绳的水手那样，坚持不懈，持之以恒，用自己不断的“掰扯”促进学生的良好行为养成。

孙有明

为老师颁发奖状

品社教师　张 艳

课间，两名学生到办公室里找我，每人手里举着一张纸，进门就倍儿兴奋。

“有事儿啊？”我问。

“我们是专门来给您颁发奖状的！”二人异口同声。

平日，都是老师给学生颁奖，今儿赶上孩子给老师发奖状，真是新鲜事儿。

“我隆重地颁发给您‘认真奖’……”，“我颁发给您的是‘勤劳奖’……”孩子们热情极了。

我接过孩子递过来的奖状，认真地说：“特别荣幸！谢谢你们对我工作的认可。”

三年级《爱在校园》一个单元中有“爱我们的老师”这个主题，讲到这部分内容时已经过了教师节，我告诉孩子们，可以在平日里认真观察老师们，找到老师身上的优点，为老师颁发小奖状，作为新年礼物送给老师。

眼看期末就到了，孩子们还真是记得这事儿呢，不管怎么说，能被孩子惦记着、喜欢着，就是作为教师的一种幸福，更是一种动力。再说了，一个“认真”、一个“勤劳”，多高的评价啊！

利用这样的学习内容培养学生的感恩之心，不正是我们教育的重要内容吗？当前，学生缺乏感恩心的现象十分普遍，究其根源，就是感恩教育在他们接受的教育体系中所占的位置已经被边缘化了。家庭无原则地溺爱，以文化课为主导方向的学校教育又往往对德育教育不够重视，在这种背景下，学生陷入情感教育的“沙漠”。在很多学生的情感世界里，感恩思想已经成为一个盲区，孩子对家长和老师只知索取、不思回报，感恩之心严重缺失。感恩意识的缺乏也就在所难免了。

请学生怀着一颗感恩的心，去观察老师身上的优点。在学生的世界观还没有完全形成的时候抓住时机进行教育，切入学生个体心理世界，激发个体心灵共鸣，促使学生对某些事件有更深刻的情感体验，强化他们的感恩心理，增强他们的责任意识，培养他们健康高尚的道德情操，发展和升华他们的道德情感。

别看孩子年纪小，老师的行为在他们的心里就跟明镜一样。更重要的是他们发现并认可我身上的这两种品质，也许就会在潜移默化之中影响到他们今后对人对事的态度，那是我最愿意看到的。

狭义的教育主要指学校教育，其含义是教育者根据一定社会或阶级的要求，有目的、有计划、有组织地对受教育者的身心施加影响，把他们培养成为一定社会或阶级所需要的人的活动。

通俗点说，“教是上做下学；育是正确对待客观。”教育最终目的是以正确的习惯和态度对待客观。

“知心教育”，就是在一种和谐的氛围中师生共同体味学校生活的幸福感。

【点评】

得到学生的爱戴、家长的认可，无疑是教师成功的标志，也是对教师的最佳奖赏。当你付出对学生的真爱时，孩子们真的会感受到这份甜甜的爱意，并毫无保留地把他们的爱奉献给你。老师的爱之所以崇高，原因就在这里，它有很强的启迪作用。

孙有明

爱接下茬的他变了

劳技教师　赵雪丽

二（2）班新转来一名臧同学。他很聪明又活泼，挺招人喜爱的，但是没几天我就发现，这个孩子上课时特别喜欢接下茬。

那是在讲《我们的社区》的课堂上，讲到如何过斑马线时，我请一名学生谈谈自己的经历，在这个学生说的过程中，他坐在椅子上不停地补充，我用眼神示意了好几次，他才稍有收敛。在总结学习内容时，我表扬全班学生："今天你们学得都特别认真，游戏也完成得很好。"臧同学立刻接下茬说道："对呀，我特喜欢这种游戏，以后我们每节课都做行吗？"面对这样无节制的"自由发言"，我当即表明观点告诉他："你喜欢这门课程很好，有哪些建议要举手说，不能在底下随便说话，这样显得不尊重老师。"臧同学有些不好意思地抓抓脑袋，说："我以前也是这样，总是改不过来。""那还是你没有重视，这个毛病会直接影响到你和其他同学的学习。"

下课后，我又把他叫到身边聊了一会儿。这个孩子热情、愿意帮助别人，因为刚刚转过来，很想引起大家的注意，尽快与大家融合在一起，所以话就特别多，结果却适得其反，反而让别人反感。在交流的过程中，我肯定了他融入集体的好想法，但也明确告诉他要想尽快地让大家认识你，必须讲究方法，在班集体里的一言一行必须考虑到别人的感受，发挥自己的特长，抓住机会展示自己的能力，大家一定会发现你的优点，在班级里起到表率作用，就能得到大家的认可。同时，我还给了他一些小方法，如：发挥自身优势，在课间给同学讲题、讲故事，在同学面前增加自己的威信。

让我没想到的是，这次交流起到了很好的效果。几天下来，他就与同学相处得特别融洽，而且懂得了礼让，还主动清理了班级前门的地垫，让同学们感动。另外，辅导班写完作业后他还坚持练习写字，随便说话的现象明显减少了。他的这些变化全班同学都看在了眼里，不由自主地发出了赞叹声！

经过一个学期的辅导和孩子自身的努力，臧同学在课堂和与人交往上都有了很大的进步。使我更加欣慰的是，能看到他的脸上经常露出灿烂的笑容。

【点评】

关注每一个，关注个别，体现优秀教师的功夫！孩子身上发生的问题总是有原因的。有心的教师一定会耐下心来发现事情产生的缘由，对症下药，具体指导。教人教心，这才是教育本真。

孙有明

巧遇“特殊”日子

劳技教师　赵雪丽

要想成为一名知心教师，心就要细，眼就要勤，和学生相处起来就要像朋友，这一深刻的感悟源于与一名六年级女生之间发生的故事。

那是12月一个周三的上午，上完劳技课的六年级学生正顺序离开专用教室。我突然发现王同学的裤子后面有一片红色的痕迹。作为女教师我很敏感地知道发生了什么，我立刻叫住了她，“你过来一下。”她站在原地没动，问我：“赵老师，什么事呀？”我当时就想，她本人肯定还不知道出现了状况，为了避免尴尬，我笑着对她说：“你赶快到我这来，有急事找你。”她快步走到我面前，边走边问：“出什么事了？”等她站在我面前后，我让她脱下外套，还没等她问原因，我迅速将衣服系在了她的腰间并小声地告诉她：“你的裤子已经脏了，赶快去卫生间换一个卫生巾吧。”这时，王同学才反应过来，不好意思的小脸已经通红。我忙安慰她说：“没关系，现在有衣服挡着，别人不会看见的。你带卫生巾了吗？”没想到她愁眉苦脸地自言自语：“早上出门太着急，忘记带了。”虽然声音很小，但我还是听见了，在想这个孩子真是粗心的同时，我立刻去办公室给她拿了两个，催促她快去换上。在她去卫生间的同时，我从另外两名女生那里要来了王同学妈妈的联系电话，通知她妈妈给送来裤子和卫生用品。

在等待她妈妈来的这十几分钟里，王同学不愿意在班里坐着，所以我又陪她在一楼的科学教室里聊天等妈妈。此时的王同学已经没有了刚才的不安，与我很随意地交流着。她说：“赵老师，今天真是非常感谢您，如果不是您及时发现，我肯定要出丑了，再让男生看见可怎么办呀？！想都不敢想，您真是贴心呀！”说到这里，我们两个都笑了。我由衷地说：“你真是越来越可爱了，我很高兴今天能及时地帮到你，替你解决尴尬的事情。希望你今后能心细一些，尤其在这特殊的几天要照顾好自己。有问题赶快找老师或同学，别不好意思。”

这件事过后，王同学明显与我亲近了不少，课堂上经常举手回答问题；在家完成的手工作品也会带到学校让我欣赏；就连平时在楼道里碰上也不忘聊上几句，特别热情、开心，我们成了好朋友。

这件事已经过去很长时间了，但我与学生之间这个看似很平常、很普通故事，给我留下的东西却有很多。我不经意的一个帮助，让学生那么心存感激，感激的不仅仅是我对她的一次帮助，而是我们之间的知心交流。我想，这真正体现了织染局小学知心教育的内涵和追求。

【点评】

爱是需要感知的，教师每一次点滴的爱的体现，可能不是惊天动地，但在孩子的心中是一种垂直的爱的感受，是专一的，所以，教师不要忽略充满爱的小事。

孙有明

一个笔袋引发的知心故事

劳技教师　赵雪丽

笔袋对于一个学生来说，应该是一件再平常不过的用具了，可在我新接的这个班中，它确确实实地成为一个引发我思考的关注物。

我是一名劳技教师，平时教学管理中很重要的一项要求是用具摆放整齐，桌面地面干净。当然，学校对各个班的要求也是如此。但没想到的是，接班没多久我就发现班内的一个男生从来不带铅笔盒或笔袋，每天的学习用具（笔、橡皮、尺子等）总是摊在桌子上，乱七八糟的，看了让人眼晕。出于职业的习惯和班级管理的意识，我及时找到他，问："你的铅笔盒呢？"他回答："老师，今天我忘记带了，明天一定想着。"听到这儿我没再说他什么，只是嘱咐道："那你明天一定不能再忘了，否则这样放着多乱呀！"这个男生满口答应着出去玩了。

第二天，我早把这事给忘了，直到课间玩游戏，有学生把他的笔碰掉地上了，我才看到他的桌子上依然乱糟糟的，笔、尺子到处都是，就是没有笔袋。当时，我的火一下就上来了，几步走到他的面前，厉声质问道："今天怎么又没带笔袋？你说话不算数呀？"他皱着眉头低下头，一言不发。看到他的这种表情和抵触的眼神，我意识到自己的态度不太合适，当着全班同学的面批评他，有些伤了孩子的自尊。所以，我马上单独把这个男生叫到了楼道里，心平气和地问他："怎么两天都不带笔袋，你是真忘了还是就不愿意用呢？"令我没想到的是，他居然说："老师，我没有笔袋，上次那个用坏了还没买新的呢。"我听了以后，心理非常难受，暗想这个孩子家庭生活一定很困难，这孩子好可怜呀！当时，他可能也猜到了我的想法，笑着说："老师，我有钱。只是我爸妈太忙了，根本就没时间管我的学习，更别说给我买笔袋了。"我摸了摸他的脑袋，爱怜地问他："你父母每天几点回来呀？"他无所谓地说："不知道，他们回来我都睡着了。早上我六点就出来了，自己拿钱到外面吃早饭。"这时，我真是有些自责，不了解情况就盲目地批评他，可他还是笑呵呵地和我交谈，没有丝毫的芥蒂。在这纯真的孩子面前我惭愧了，主动向他道了歉："对不起，老师刚才的态度不好，没想到你是这么不容易，自理能力真强呀！明天我一定要送你件礼物。"

第二天我送了一个漂亮的笔袋给他，全班同学都为他鼓掌，说："赵同学的笔再也不用乱放了。"望着孩子接过笔袋一瞬间那羞涩和充满感激的眼神，我感到非常的满足。

这件事已经过去很长时间，可现在想起来我心里依然温暖。正因为我当时发现了他表情上的变化、及时了解了情况，才得以正确处理好整个事件，没有让我们的知心宝贝失望。

【点评】

教师的爱体现为对孩子的耐心，要善于发现他们问题背后的故事，从他们真正的需求出发，给予他们深情的帮助，使他们时时感到来自教师、来自同学的爱，在爱的激励中不断成长。

孙有明

用自己的正能量带动自己进步

语文教师、班主任　冯 煜

2010年1月，王凤岭校长来我校主持工作，提出了“知心教育”的特色追求。三年来，我一直在这条道路上探索着、前进着。出现过困惑，也收获了成绩。在不断的探究中，我对“知心教育”慢慢有了一些浅显的领悟。我觉得“知心教育”就是要教师在教育的过程中做到：知底、知情、知遇。“知底”即了解学生的成长背景、基本情况、学习能力等影响学生成长的方方面面，做到因材施教；“知情”就是在处理一切与教育有关的事件时，要知情知理秉公办事；“知遇”是要随时发现学生身上表现出的优点，以特长促发展，让学生成为千里马，教师即是他的伯乐。在我的班级管理中，结合学校德育教育的“增值卡”记录环节，记录学生的言行，可以是上课发言被表扬的心情；可以是在同学有困难时你对他的帮助；还可以是遵守学校的礼仪要求……总之，一天中一切令你感到幸福、快乐的对的事，都可以记录。让学生从对快乐体验的回顾中感受到说善言做善行给自己带来的幸福。说时髦一点，就是用自己的正能量带动自己进步。

故事一：做值日我没偷懒，这就对了

一天，我正在皱着眉头批改学生的作文。

刚送走一个毕业班，转回来接手了三年级。原来总抱怨毕业班的学生写作文没有主题、题材不新颖，可眼下手中的这堆东西，唉！只能叫东西了！受刑一样地一篇篇批改着，一段歪歪扭扭的文字进入了眼帘。

“星期二下午，大家都去锻炼了，我在班里做值日。和我一起做值日的同学都走了，就剩我一个人。我心想：人都走了我把值日做完了吧，要不就给班里扣分了。做完值日我就去找他们，但没有找到。我只好回家了。虽然这次值日别人偷懒了，但是我没有。我按照老师的要求完成了自己的任务，我觉得这就对了。”

文章的作者是宣同学。读着他质朴的语言，想着这个平时在班里并不引人注目的孩子，看着他这篇并不规范的字，我觉得很舒心。

第二天，我把他叫到面前了解情况。原来，每周二下午是学校班班体育特色——三年级二班项目“太极扇”学习时间，对于这项活动孩子们参加热情都很高，另外两个值日生把做值日的事抛在了九霄云外。知道了事情的原委后，我在班里对宣同学的行为极力表扬一番。宣同学挺起了小腰杆，同学们也向他投去了羡慕的目光。

故事二：抓住一点，记录发展

早晨，语文课代表朱同学收完作业，抱着作业本过来说：“老师，就差他的作业没交了。”

“老师，我的本就放在桌子上了，训练回来就不见了。”朱同学没等我问话，就一脸无辜地皱着眉头抢着说。

我没容她继续辩解，就盯着她说：“现在，从位子里把作业本拿出来补。否则，一旦翻出来马上请家长。补作业、请家长，你二选一，快！”

朱同学不说话了，低着头开始补作业。

这孩子是明明没写装作写了、态度最强硬的一个。每次不写作业她都会找到被冤枉的理由，而且言之凿凿、赌咒发誓，像真的一样。对她，我早已了然于胸。

她喜欢干活儿，而且干得非常好，总是帮同学做值日。填写增值卡“善行记录”时，我看她经常写“我帮某同学做值日了。”于是，我把她叫来说：“如果你能按时交作业，没写作业时不撒谎，我就让你把这种诚实的表现记在善言善行中，表扬你，好吗？”她答应了，可我并不知道这样的引导能起多大作用。

大概有两个星期过去了，不交作业的名单里没有了朱同学的名字。我在班里表扬了她，并让她郑重地将“我按时完成了作业”的记录贴在了侧板上。这之后，她的记录中多了“按时交作业”这一项。虽然偶尔有反复，但是态度不再强硬了。

学校的“增值卡”填写，确实在班级教育中发挥了积极的作用。

故事三：坚持——说来容易做来难

“收拾书包，五分钟后排队；关窗；关灯；值日生做值日。”随着我一连串的指令，学生的小手、小身影忙碌着。带这个班已经快一个学期了，学生养成了一些基本的习惯，很多事情不用再反复强调，各自的任务都很明确，不必一一指派了。

“老师，今天的善言善行还没写呢。已经三天没写了。”我抬头一看，说话的是姚同学。看着她一脸认真、认为自己做得很对的表情，我想起刚刚讲的卷子她才得了72分。心里恨恨地说：让你背的书你记不住，这事倒记得挺清楚！也许是要躲避我快喷出火的目光，也许是自认为她的提醒已完成，姚同学一转身回座位了。看着同学们投向我的询问的目光，想想也确实是好几天没记录了。我想，姚同学的提醒也没错。为了不使这个记录流于形式、真实可信，我对学生说："确实是有三天没有记录了，这段时间复习比较紧张，老师疏忽了。前两天的不补，就记录今天的。姚同学，你就记今天对老师的提醒，能帮老师想事情很值得表扬。"

想想姚同学，她能坚持把字写得一笔一画工工整整，不因为各种理由把字写乱。她能想着坚持记录善言善行，不因为各种理由就放弃记录。这种坚持有几个大人能做到呢？这难道不是值得表扬和学习的吗？

随着"知心教育"不断深入，学生的优点在不断扩大，这影响了学生自己，影响了周边的同学，进而带动了整个班级的进步。从学校颁发流动红旗以来，这面旗帜没有从班级流走就是一个很好的佐证。而这种影响不仅仅是对学生的。我发现，做一名知心教师，就要不断了解学生身上不同层面的闪光点。在"知心教育"平台下，我能真正走近学生，真正体会到学生的优点，并从学生那里受到启发，甚至是触动心灵的感动。

对于"知心教育"的探索仍将继续。我想，"知心教育"应当成为我们班级教育的一条主线，由它串联起所有的教育活动，使"知心教育"真正成为学生在织染局小学学习生活的快乐记忆。

【点评】

教师最大的幸福就是看到学生们在成长！在冯老师的故事中，我们能感受到对学生的全面关注与教育行为。谁不说正是有了教师今天的积蕴才可能铸就孩子明天的腾飞，还有什么比看着自己的学生飞得更高、更快、更远更令教师欣慰的呢？

王爱华

卖废品的小男子汉

语文教师、班主任　刘　姣

加入织染局小学这个大家庭已有三年了。在这三年时间里，我和全体同仁在王凤岭校长的带领下以“同在蓝天下，请学生享受知心教育”为办学理念，追求“知心教育”办学特色。对一名青年教师来说，对“知心教育”的理解就是做走进学生心里的教育，用心感受学生的感受，多用学生的角度理解学生的心理，这样，不管是管理班级还是课堂教学，都会事半功倍。

陈同学是我们班上比较活跃的男生，而一般活跃的孩子自律能力相对比较弱，每周都会听到其他老师跟我埋怨：“陈同学又没完成作业！”“陈同学上课又玩橡皮，还跟其他同学一起开小差”……尽管这样，成绩不佳的他却特别喜欢劳动。每次班里杂物废品积攒多了，大家都吵着让陈同学拿去卖了，每每他也乐此不疲。就这样，他成了我们班上的“无名英雄”。

一段时间里，我发现班里每次选身边榜样和填增值卡时，他总是变得格外安静，好像这些荣誉压根儿就不待见他，即便他毛遂自荐，也没人愿意给他这个荣誉，原因大概是他的成绩不尽如人意。每当这时，他总是把头埋得低低的，恨不得不让大家看到他的存在。见他这样，我也不免心疼，每一个孩子都有自己的独特闪光点，他自然也不例外。

于是，我开始想办法。一个课间，我半开玩笑半认真地对他说：“你那么热心帮助班上卖废品，每次都把卖得的钱分文不差地交给小会计，你爱劳动又诚实，乐于助人又不求回报，真是个不折不扣的小男子汉！我觉得你可以把这些都写进增值卡，如果你能坚持下来，增值卡上一路飘红，同学们也会看到你的表现，说不定会给你一些肯定呢！”他看着我，半信半疑地点了点头。往后的日子，我见他常去收集学生中的废品，偶尔也帮助老师们卖废品，卖得的钱会主动交给班里的小会计杨同学，让她妥善保管。期末复习时，他还是一如既往地做着他“事业”，我决定和他一起去卖一次废品。那天，我们一起抱着满满一箱废品，有塑料瓶、废旧报纸，一路上他和我有说有笑，让我感受到他的心里特别阳光。我们到了废品站，陈同学跟老板好像很熟似的，熟练地把废品放上称，老板看了看，说道：“四块八！”陈同学咧着嘴对老板说：“五块吧！您又不差这两毛钱！”老板笑眯眯地应声：“好吧，小鬼！”转眼，他把老板给他的五元钱交到我的手上，“老师，交给您！”“你口才可真好，走，老师给你买个面包去！”“不用了老师，您家里离这儿远，况且我也有作业要写，咱们还是快点回家吧！”……

日子一天天流过，班里的学生也渐渐开始接纳他，认为陈同学的确是个热爱劳动的同学，在后来评选“劳动小能手”时，陈同学的名次总是名列前茅。他的增值卡也因坚持卖班中的废品而一路领先。

陈同学的故事让我觉得挺好，因为凡有成就的人几乎都具有良好的个性和品德，他们都具有勤奋、专注、意志坚强、不怕困难，不甘落后，不达目的不罢休的进取心和毅力。他虽然学习成绩不理想，但是他的品德却赢得了同学们的心。

也许长大后他才会明白，这张小小的增值卡记录了他从自卑到自信的转变。也以他的例子告诉更多的孩子们，我们都要做品学兼优的孩子，学习好，品德更要好，为大家服务的好孩子值得每一名学生学习。

【点评】

苏霍姆林斯基曾说：我们教育工作者的任务就在于让每个儿童看到人的心灵美，珍惜爱护这种美，并用自己的行动使这种美达到应有的高度。刘姣老师的知心故事似小实大，正如幼苗需要土壤的滋养一样，学生成长需要教师的爱护。教师用师爱，用行动指引着孩子们不断成长。

王爱华

“不许告诉其他同学啊！”

语文教师、班主任　荣　洁

一名知心教师，或许他没有娇美的容颜，但一定乐观自信、勤学进取；或许他没有丰厚的报酬，但他会用自己的出色教育工作给孩子们带来幸福和快乐。

记得在刚成为班主任时，我总是把工作中的每一件事都设想好，努力把平日工作处理得井井有条，因为我最怕班级里发生意想不到的特殊事件。这种事件来得突然、猝不及防，并且，我没有充足的时间去仔细思考处理这种事件的对策，有时也会不知所措。然而，促使我快速成长的诱因，却恰恰是一次突发事件。

一次，学生上体育课，体育老师在队伍前边带着学生排队下楼，一名学生不小心摔倒，头部磕伤，流血不止。同学们惊呼："流血了！流血了！"我在教室里听到喊声，三步两步冲下楼梯，当我跑到受伤孩子身边时，他好像已经吓傻了，自己流血竟然不知道，只是呆呆地站着，旁边的同学都不敢动了。

我看到孩子浑身是血，头"嗡"的一声。但是，我立刻摇了一下头，想了想学校培训的学生伤害事故处理流程，轻声让班长去通知德育主任和卫生老师，并且让周围的孩子慢慢下楼。我示意体育老师组织其他学生继续上课，并抓时间单独询问周围的学生，了解事发经过。

我扶着孩子慢慢走下楼梯时，孩子已经不敢说话了，看着血滴答地流下，孩子可能才意识到疼，眼眶红了，嘴也微微有些颤。我一下子抱起要哭的孩子，顾不得血会沾在衣服上，孩子也一下子抓住了我的胳膊，但奇怪的是他没有哭。到办公室，我一边用纸巾给学生止血，一边说："你真勇敢，坚持住！伤口不大，可能是你运动了才会流这么多血。"主任和卫生老师来了，给学生做了简单包扎，我同时电话联系了家长准备带孩子去医院。

在这个过程中，我始终在孩子身边，拉着他的手，虽然我知道肯定很疼，但是他一直没有哭，他的眼睛一直看着我，我虽然也很紧张，但尽量用平和的口吻说："别怕，流血只要及时止住了就没事。"孩子点点头。他又看了看我的衣服，我笑笑说："没事，用肥皂一洗就干净了。你的衣服也一样，咱们从医院回来就回去洗，一定能洗干净。"……

几天后，孩子对我说："我看到地上的血都不敢动了，只想找妈妈，在我就要开口喊妈妈时，您一下子把我抱起来吓了我一跳，好像只有爸爸妈妈才抱我呢！我看您一点都不紧张，觉得伤口肯定没事，就不害怕了。"我看着孩子笑着说："当时真的怕你在楼道里大哭起来！"他挠挠头笑了。我说："告诉你，其实我也很害怕！”孩子睁大眼睛不可思议地看着我。我摸着他的头说：“不许告诉其他同学啊！”

这次的突发事件让我有了处理突发事件的信心，当然，最根本的一点就是冷静，要正确评估事态发生的程度并及时做出正确的处理。从这件事中我也了解到，教师的言行会给孩子心理带来影响，孩子看到老师面容轻松、口气和缓，自然也就不紧张了。在孩子无助时，教师的身份更偏重家长角色，要让孩子感到不紧张，教师要从语言和行为上给孩子影响，这样有助于孩子的心理承受，使事情轻松解决。我真感谢这次突发事件，它让我与学生共同成长了，让我感受到了教育的幸福和快乐。

【点评】

雅斯贝尔斯（德国存在主义哲学家、神学家、精神病学家）说：“教育是人的灵魂的教育，而非理性知识的堆积。”这则故事里的教师变“节外生枝”为教育契机，在“育人”的过程中实践着“育己”，享受教师这一职业内涵的快乐与幸福。用生命影响生命，用灵魂唤醒灵魂，恰是学校“知心教育”发展下教师成长的博大情怀。

王爱华

我代他向人家道歉

语文教师、班主任　王　晨

“知心教育”是织染局小学的办学特色，体会“知心”、理解“知心教育”内涵，是教师践行“知心教育”、做“知心型”教师的前提。一次次的教育经历使我对“知心教育”有了更深的理解：站在学生的角度思考他们的问题；在了解的基础上进行教育；尝试走进学生的内心世界，与他们进行心与心的沟通，换来的将会是学生的认可和信赖，而这也往往是教育成功的前提。

“下学期你教那个班呀，他们班的小涛可不好管！”“啊！你要教那个小涛了！他经常惹事，哪个老师的话都不听，你可要小心！”还没正式接班，这样的声音就不绝于耳，这小涛是谁？我一直没对上号，直到有一天楼道里传来了不和谐的声音，我才知道那个气呼呼地在顶撞老师的男孩就是小涛。新学期工作还未开始，他就给我留下了深刻印象……

利用接班前的那个暑假，我走访了小涛的父母。按照通讯录上的地址，时近傍晚，我来到了小涛家，一间极其简陋的小平房，屋内除了一个上下铺的床和一张圆桌，没有其他家具。小涛不在家，从他父母口中得知他又出去玩了，每个假期他几乎都是白天在外面玩，天黑才回家。造成小涛目前状况的原因是多方面的：父母文化水平低，教育孩子简单粗暴，而小涛又属于比较叛逆的个性，与父母水火不容；从小没有和父母生活在一起，在老家的生活没有规律，对学业没有要求，养成了懒散的个性；总是被身边的人批评、指责，久而久之对自己丧失信心，破罐子破摔，自暴自弃。基于以上原因，我决定用“心灵感化”的方式来教育他。

开学后，不出大家所料，小涛接二连三地惹了很多事：上课捣乱、顶撞老师、擅自跑出教室不上课，在校外打小同学，老师、家长、同学不止一次把状告到我这里。我并没有急于处理这些事，也没有因为这些事而批评他，而是在班上开了两次相关内容的班会。看得出，这让他多少有些意外，似乎也在揣摩我的用意。一次，他放学后带着几个同学在校外摘别人院里的柿子，被住户抓住带回学校找我，我代他向人家道歉，并保证不再发生类似事情。事后，他一改往日犯了错误一脸无所谓的样子，惭愧地低下了头，从他的眼睛里我看到了歉意和感激。后来他告诉我，他没想到我并没有当着那个人的面批评他，更没想到我会代替他向人家道歉，其实他知道自己做得不对，已经后悔了。是啊，对于一个 11 岁的孩子来说，这样简单的是非判断难道他真的不懂吗？我想，很多时候，我们对待学生的态度特别是他们犯错后的态度，更胜于批评和说理，平等的交流才是他们最想要的。那天，我并没有把这件事告诉他的父母，而且在我和他父母约定的每个周末电话沟通的时间里，我还特别表扬了他在学校的进步。

后来的一周，小涛让我看到了他的努力，他在努力改变自己，尽管对于他来说并不容易。课间的楼道里，他正想对不小心碰到他的同学“出手”时，看到了远处走来的我，他停住了，朝我傻傻地笑笑，我朝他点点头；午休时，他坐不住，总想往外跑，我找来一篇文章请他读给大家听，他读得很好；放学时，他又约同学一起出去玩，我提醒他要先回家写作业，他转头告诉同学，写完作业后再去找他们。

就这样，不知从什么时候起，我们之间似乎有了默契，我从不在同学面前批评他，他做错事后会主动来找我。在我看来，不仅仅是他在承认错误，更多的是我们在进行平等的、心灵的沟通。他说，以前他不喜欢回家，因为一回家家长就会问他今天又犯什么错了、哪个老师又批评他了。如果赶上有同学去告状，还要免不了挨一顿揍。现在他不怕回家了，因为我总是把他的优点和进步及时地告诉他父母，爸爸已经好久没揍过他了。这些让他觉得如果不改掉缺点，不努力学习，都对不起我。

今天的小涛已经不是原来的小涛了，他遵守纪律、关心集体、乐于助人；语文成绩名列班级前茅，其他学科成绩也在不断进步。教育，有时不需要过多的语言，一个鼓励的眼神，一个肯定的微笑，可能都是我们与学生进行心与心交流的最好机会，更是教育的最佳时机。尝试走进学生的内心世界，站在他们的角度审视他们的行为，给予他们更多的理解和包容，你与他们的默契可能就在这不经意间已经形成了。知心教育的内涵诠释也尽在这份“心与心”对话中……

【点评】

作为一位较有经验的班主任，王老师总是用一份热情与感动真心地教育着她的学生。自信心不强的学生，更需要教师在精神、心理上的安慰。教师必须因材施教、实事求是，切合每名学生的实际表现和个性特征。正如苏霍姆林斯基说的那样，“要让每个人抬起头来走路。”在默契的教育过程中，诠释着知心教育的内涵。

王爱华

学生妈妈说："这真是个奇迹。"

语文教师、班主任　王　晨

“同在蓝天下，请学生享受知心教育”，这是织染局小学的办学理念，也是我们教师转变教育观念的指导思想。作为一名教师、一名班主任，我在工作中感悟“知心教育”，践行“知心教育”。在与学生的接触中，我越来越感受到真诚和用心是最重要的。用心的交流、真诚的付出、与学生进行心灵的沟通，会让我们发现很多意外的收获。

新学期，班上转学来一位个子高高、眼睛大大的女孩，开学第一天的初次见面她就给我留下了深刻的印象。记得那天是她妈妈送她来学校，站在妈妈身边的她，像个小大人儿似的，总是抢着回答我的问题，大眼睛忽闪忽闪，好像会说话。她不像其他新转来的孩子那样，来到新环境总会有几分胆怯，让我很是喜欢。

在接下来的日子里，小 W 让我看到了她身上更多的可爱之处——性格开朗，很热情，愿意帮助同学，为集体做事，而且还多才多艺呢！集体舞学习中，她是小老师；合唱团里，她是主力团员；劳动课上，她的动手能力很强；科技月的作品被选送到区里参加比赛……就在她不断在各项活动中出色地表现着她的才艺的同时，在很多老师对她的赞许和表扬声中，小 W 身上存在的问题也在日趋显现。

“王老师，小 W 今天没交数学作业，她说忘带了。”“王老师，小 W 没交英语作业，她说昨天写了可找不着了。”“王老师，语文练习册小 W 又没交，她说她妈妈还没帮她买。”开学两周后，我开始听到这样一些声音，而且越来越频繁，这让我不得不对她关注起来，而这种关注是需要我换一种角度去重新审视她的——难道她并不如平时所表现的那样优秀？

我开始“忽视”她的各种才艺，关注她在学习上的表现。语文课上，她积极发言，答案也总是在“点”上；她喜欢朗读，流畅、生动，感情很是到位；她的字写得漂亮、工整，像她的人一样干净、利落。以上种种，仍然让我相信她是个优秀的孩子。可是，我却经常看不到她的作业，哪怕仅仅是口头的背诵作业她也是经常不完成。是她不喜欢语文吗？我忙去向数学老师和英语老师了解情况，同样的问题也困扰着他们。而科任老师们都反映小 W 是个听话、机灵、动手能力强的孩子。一圈调查下来，不难看出她的最大问题就是不写作业。

一个成绩不错、思维活跃、敢于表达的孩子为什么不写作业呢？我想，一味的批评、说理对她来说肯定是没有效果的，治标不治本的办法只会事倍功半，我要去了解根源所在。

我开始在课下找她聊天，聊她喜欢的各种活动，聊她擅长的朗诵，当然，也要聊她没交作业的原因。通过几次聊天，我发现她所说的没交作业的原因明显是假话，我没有揭穿她，只是告诉她不按时交作业会养成坏习惯，老师相信她只是偶尔的失误。尽管新接班或面对新转来的学生时我一向不喜欢用孩子过去的表现去衡量他们，但这一次，我觉得有必要去了解一下小W在原来学校的表现。

我与小W的母亲进行了一次面对面的交流，本想说一说孩子不完成作业的问题，共同找找原因，再了解一下孩子过去的情况，但没料到的是，一见面，孩子的妈妈就向我表示感谢。她说孩子来到新学校后，每天早上不再赖床，没有提出不想上学，而且每天上学来都是开开心心的，很少发脾气了，她说“喜欢新学校，喜欢这里的老师和同学”。深入聊下去后我才知道，小W在原来的学校由于不写作业经常挨批评，同学也不喜欢她，她整天都闷闷不乐，经常借故不上学，爱说谎话，老师拿她没办法；又由于爸爸常年在外地工作，妈妈一个人带她，总觉得亏欠女儿，所以对她有些放任。

这次谈话以后，我在小W面前并没有表现出对她的了解，而是继续采取聊天的方式去“了解”她，与她交流，只是我开始亲自盯她的作业。每天语文课后，我会把她叫到身边，看着她把作业记录在联系本上，然后还要请她把作业再写到黑板上并督促全班同学记好。事实证明，两个星期后，从最初的我叫她记作业变成了下课后她会第一时间找我记作业。而她所不知道的是，我已经和她的妈妈沟通好每天根据联系本检查她的作业完成情况。那段时间，她的作业完成情况明显好转，但仅限于语文作业。为了扩大战果，我告诉她，如果她能坚持一周按时完成各科作业，我就让她当语文课代表。这下还真的激起了她的斗志，整整一周时间，她没有一次不完成作业情况，用她妈妈的话说：“这真是个奇迹。”

于是，我兑现承诺，她这个语文课代表走马上任。有些出乎我意料的是她对工作认真负责的态度。当然，在这个过程中她不得不承认，自己的作业完成了才能理直气壮地去收同学的作业；在这个过程中，她也亲身感受到了作为课代表的不容易。每当她向我抱怨作业收不齐时，我便会去反问她：“今天你交齐数学和英语作业了吗？”而让我欣慰的是，答案从最初的“忘带了”、“忘写了”逐渐变成了“我都交齐了”。

教育，讲究因人而异；教育，需要追根溯源。在我与小W的故事中，她收获了自信，收获了同学和老师的喜爱，收获了优异的成绩，而我也意外地收获了一份感悟：教育的目的不在于教育本身，而在于我们的真心付出和一颗尊重学生的心，相信天真善良的他们给予我们的一定是最温暖的回报。在践行知心教育的过程中，我也更深感受到教师正确选择教育方法的重要性。

【点评】

别林斯基在《新年的礼物》中说——爱是教育的工具，也是鉴别教育的尺度。“学生不过来，我就走过去。”在这则故事里，班主任老师用宽容来理解孩子，用交流来善待孩子，走进孩子内心，谁不说是学校“知心教育”的品质体现呢？

王爱华

学会了“STOP”技术

语文教师、班主任　徐临元

春游前一天的下午第二节课课间，学校广播让各班派几名同学去总务室领第二天的方便午餐。班长小雅急匆匆地跑进了教室："徐老师，小涛和小诚他们俩在楼道里打起来了，吃的都撒了一地！"我急忙跑到楼道，只见两人头顶着头，手上互相撕扯着对方的衣服，他俩火气很大，但我的火气更大，真想……站在他俩面前，看着他俩不服气的眼神，我在快速思索着应该怎么处理这件事，我对自己说"要冷静，冷静"。在安抚自己的瞬间，我明白了，我需要冷静，他们也需要。我拜托了副班主任赵老师帮我看班，然后一手领着一个学生来到办公室。我并不急于问事情的原委，先让他俩各自照照自己的模样，这一照，俩人既吃惊又不好意思。小涛的衣服被扭得变了形，小诚的脸涨得通红。我让他俩分别写出事情的经过和自己的错误。原来是因为拿午餐的事。小涛是我们班负责领东西的。在回班的过程中有同学向小涛要午餐，接着有同学这也要那也要的。小涛就要求他们到教室再拿，而小诚就不肯，掰着小涛的手就不让他走，俩人你不让我、我不让你就打起来了。

我把他俩叫到跟前，询问事情的缘由。"老师，刚才小诚掰我手指头，我也没招他，也没惹他啊！"小涛特别委屈，低着头一边哭一边说。小诚此时也低下了头，马上承认了错误："老师，是我不对，我错了。"这是小诚的一贯作风。等他说完，小涛哭得更伤心了。"他不止一次这样了，还总是骂我，我要回他一句他就打我，就仗着他比我高比我胖就欺负我。"说完已经是泣不成声了。小诚马上说，"老师，我骂人错了，打架也错了。"脸上却是一副错了就改、改了再错的不在乎的神情。

我看着伤心的小涛和已经口头上承认错误的小诚，想起一个故事，虽然只记得故事的大概，但对他俩很合适。接着，我向他们二人讲了这样一个故事。

一位旅人在途中遇到了一个路人，于是二人结伴而行，但同路人好像有些看不起这位旅人，一路上总是用语言侮辱旅人，一而再，再而三。旅人每次都不予理睬，只付之淡淡一笑。有一天，同路人说了好多侮辱、伤人的话，旅人却依旧没有生气，淡淡一笑后问路人一个问题："如果有个人送给别人一件礼物而那个人没有收，那么，这礼物归谁所有呢？"同路人毫不犹豫地回答："那当然归那个送礼物的人啊。"旅人淡淡一笑走了。

我讲完了这个故事，小诚此时已经把头低得快贴到胸口了，小涛也破涕为笑了。我笑盈盈地看着小诚主动向小涛道了歉，还深深地鞠了一躬。当小诚再次跟我承认错误的时候，态度已是相当诚恳了。第二天晨检时间，我在班里又把这个故事讲了一遍，当我讲完这个故事班内一下沸腾了，大家争着举手发表自己的意见，讨论得异常热烈。这中间，有些同学把头默默低下了……

在故事中传递道理，在故事中化解矛盾。这是王校长经常教导我们的。我们要做智慧的教师，用智慧的手段去育人，在育人的同时达到育己的目的，这就是所谓的教学相长吧。

一句话，一辈子！

语文教师、班主任　徐临元

我已经走过了近十年的班主任生涯。回想这十年的点点滴滴，繁琐中伴随着幸福，心酸中饱含着快乐。这种矛盾的交融恐怕是没做过班主任的人所不能体会的。在与学生们的相处中，我感受到了作为知心教师用心沟通、用爱包容所带给学生和自己的震撼，就像王校长经常说的那样“一句话，一辈子！”一句话可能带给人无尽的美好憧憬，一句话也可能将一颗幼小的新苗扼杀在黑暗中。

记得那是 2007 年暑假的放假前夕，我刚刚结束了为期一年的通州支教任务。校长把我找到办公室和我谈下学期的工作安排。敲开校长办公室的门，我先是一愣，办公室里不仅坐着校长，在她身边还站着一位瘦瘦的小男孩和一位家长。看到有人进来，小男孩原本低着的头垂得更低了，两只手很纠结地绞在一起，两只小脚也不停地相互摩挲着，看得出来，他很紧张。校长此时先开口说话了：“徐老师，这位小龙同学下学期转入你们班，开始新环境下的学习，这孩子性格比较内向，你要多多帮助他呀。”出于职业的敏感，我察觉到这孩子的背后一定有故事。我大方地走到他面前，伸手想去摸摸他的脑袋，没想到一个简单的动作竟然让他身体一激灵，不自然地向后退了半步。孩子的家长看出我的友好，马上开口化解尴尬：“小龙，你看徐老师多亲切啊，快！给老师鞠躬问好。”见此情形，我微笑地向家长摆了摆手，转而和孩子进行了语言交流：“小龙你好，我是你的新班主任，我姓徐，很高兴认识你，希望我们相处愉快！”孩子面对我的态度有点不知所措，于是我让他先去随意参观参观校园，留下了孩子的家长单独交流。

在与家长的交流中我得知，原来小龙已经上过一年一年级了，可是不知为什么，原来那个学校的班主任就是瞧他不顺眼，经常在班内嘲笑他反应迟钝、比其他孩子傻。渐渐地孩子对上学有了抵触情绪，曾经休学两个月。家长实在没有办法了才想到要给孩子转学，希望能换个环境让孩子重新找回快乐。

听了家长的话，我的心情变得沉重了。一个年仅七岁的小男孩儿竟然被身为教育者的教师伤得如此之深。我要如何做才能帮他走出心里的那段阴霾呢？为此我翻阅了一些儿童心理学资料，原来小龙的这种紧张情绪都是因为缺乏安全感。好！找着了病因，我们就要对症下药。

开学伊始，我为了向小龙展示我的友好，特意设计了“请让我来抱抱”的肢体安抚活动。因为面对的都是刚刚幼儿园毕业的小朋友，坐在一个陌生的环境难免紧张与不安。所以，我向他们每个人敞开了似老师、似朋友、更似母亲的怀抱，孩子们开心极了。轮到小龙了，他战战兢兢地走到我的面前，两只小手因为紧张而攥起了拳头，迟迟不敢靠过来。看来，只能我主动了。我轻轻地张开双手，慢慢地走到他的面前，蹲下，缓缓地合拢了双臂："很高兴认识你，你是一条特别的小龙，我愿意成为你的朋友。"这些话很轻很轻，只有我们两个可以听到，渐渐地我感觉到孩子紧握的双拳展开了，双手轻轻地拍了拍我的双臂。这个动作就是一个无声的信号！我知道，这个孩子接受我了！

在随后的学习生活中，我经常有意识地找他聊天，请他帮我抱作业本，做值日……孩子的眉头渐渐舒展开了，笑容也再次攀上了他的脸颊。在校级举行的"故事大赛"中他一举夺得了低年级组第一名的好成绩。当他捧着奖状站在全班同学面前时，我们为他响起了最热烈的掌声。一条生龙活虎的小龙正冲破阴霾，跃向那最最广阔的蓝天。

"知心教育"的最大内涵应该是爱，任何缺乏爱的教育都是乏味且没有说服力的。爱不仅要重视孩子的身体健康，更重要的是要珍惜孩子那颗脆弱的心灵。"一句话，一辈子"会让我在知心教育的道路上走得更远。

【点评】

柏拉图说过，我们应该尽量使孩子们开始听到的一些故事必定是有道德影响的最好的一课。透过你的教育故事，树立了孩子的自信，使读者明白自信心是孩子不断进步的力量源泉，是人生不断前进的动力。在教学相长过程中，我们教师也会学到很多。

王爱华

家长变了，孩子也开始变了

语文教师、班主任　杨伟

班里有一个“小小火药桶”——小胡，他在班里可谓是一个小霸王，一言不合便拳脚相向，每天都有学生哭着向我告他的状。在我批评他的时候，他眼睛里除了委屈，还有对老师的愤怒、怨恨，仿佛老师就是他的仇人，老师说的话他自然也听不进去。一天，有学生告诉我，他又打同学了。我把他叫到跟前问：“你为什么总是动手打同学呢？”他不假思索地回答：“爸爸告诉我，同学惹我，就狠狠打他。”听完这句话，我的心情顿时沉重起来。因为他有着自己的一套道理，认为只有浑身是刺别人才不会欺负他。

我这时才意识到，教育好孩子的关键，必须改变孩子父亲偏激的教育思想。面对这样的家长，要想从思想上转变他、改变他的教育思想。作为班主任，一定要说服家长，配合自己进行教育，才能够从思想上引导好学生。我马上给孩子的父亲打了一个电话，很策略地跟他讲了孩子经常在班级打同学的现象。让我没有想到的是，孩子的父亲根本不承认他的孩子打同学的事实，反而跟我讲，是他的儿子经常带着伤回家，应该是同学先动手打他。听了孩子父亲的一席话，我马上说：“今天孩子回到家里，您问问他，有一天，是不是就因为一个女孩朝他微笑了一下他就打那个女孩。”听了这件事，孩子的父亲在电话的另一端不出声了。这时，我又说：“我问过孩子为什么打人，他说是您让的。我觉得，孩子是最诚实的，最容易改变的，所以，要教育好自己的孩子，必须从正面引导，您说对吗？作为家长，给孩子选择好的学校，不就是让他受到好的教育吗？归根到底不就是让孩子成才吗？而孩子成才的关键是具有良好的行为习惯。这一点很重要。他总是打同学，在班级怎么能够有好朋友，怎么能够学会交往呢？”这一次谈话使孩子的父亲意识到了家庭教育中的问题。

对小胡的批评教育依旧进行，他看我的眼神依旧是愤怒中带着怨恨，很是让人恼火。我知道，对小胡、对家长的正面影响还不够，要把表扬的阳光照进学生的家庭生活，这对学生的习惯培养也会有所帮助。

那是4月下旬的一天，在这一天的语文课上小胡同学没有小动作，而是整整一节课遵守纪律，认真听讲。在下班之后，我给小胡同学的妈妈打了一个电话，将他在语文课上的良好表现讲给他妈妈听，他的妈妈听了之后很是欣喜，连声道谢。第二天，我开始关注小胡的转变，可是刚下第一节课又有同学向我告状，“老师，小胡他踢我！”这一下让我火冒三丈，电话算是白打了！我把他叫到跟前劈头盖脸就是一通批评，可是当他抬起头看着我的时候，我发现他眼中的愤怒和怨恨没有了，眼泪开始在眼眶里打转。

我意识到机会来了，把他叫到一边，对他说："老师要表扬你。"小胡一脸的疑惑，打人也能被表扬？"你今天学会了尊重老师，能够认真听老师说的话。"接着我让他把事情的经过说了一遍。

听到他认错了，我就趁势与他约法三章：（1）上课要遵守纪律。（2）不许打同学。（3）自己要努力取得进步。能够做到这三条，老师就会向家长表扬他。

但是在之后的时间里，他并没有完全按照我们制定的"约法三章"来做，还是会与同学闹矛盾动手。但是在批评教育他的时候，他会露出惭愧的表情，我说的话他也愿意听了。慢慢的，同学来告小胡状的少了，在我的课上他的纪律也好了。虽然现在小胡还没有完全改掉身上的缺点，还会有打人等违反纪律的情况发生，但是他已经认识到自己的错误。我相信，只要给他时间，他一定会改变对待他人的方式。

【点评】

在实践知心教育的过程中，作为年轻教师应该关注孩子语言和行为背后的东西，让自己的教育过程同时成为孩子人格健全与发展的过程！一名优秀的孩子既离不开家长的辅导和潜移默化的影响，同时更离不开老师的引导和鼓励。老师的话很重要。

王爱华

涂成黑色的心情也该变红了

语文教师、班主任　赵　林

任同学是这个学期刚刚从农村转来的孩子。刚开学没有两个星期，他就在班级壁板上的心情晴雨表上画了一张黑脸，这说明他的心情很糟糕。我一直找不到原因，直到有一次体育锻炼时间，班里的同学都在跳长绳，我在一旁观察，才隐隐约约知道他糟糕的心情来自哪里：他不会跳长绳。所以，每到体育课或是体育锻炼时间，他就站在一旁看同学跳，同学们和我多次鼓励他加入跳绳的队伍，可他怎么也迈不对腿，逼得急了，他就低着头小声嘟囔："俺……俺不会。"见此情景，我便让朱同学教他。别看朱同学学习成绩一般，但他是热心人，应该什么时间跑、跑到哪里跳、向什么方向跳、跳起来之后又往哪里跑，样样自己先做示范再教方法，并且带着任同学练习。任同学看着、听着，渐渐地也愿意跳了。就这样练了一段时间，他从只能站在一边看到能偶尔走进队伍里排队跳一次，有了不小的长进。最后，他敢跳了，不过样子有点急人：轮到他跳时，他要先盯着摇动的绳子看好半天，头还随着绳子的摆动一点一点的，然后在同学的催促下，跑到绳子的中间，在原地猛地一跳，然后再向前跑去。看到这里，我满心欢喜，认为只要敢跳了、多跳几次就会熟练的，他也就不会再犯愁了。

几天后，任同学的一个举动又吸引了我。还是在跳长绳的时候。他虽然能跳过了绳子跑过另一头去，但身体难免要蹭到绳子上，这次是小腿，那次是后背，有一次绳子竟刮到了他的耳朵，摇动起来的绳子差点儿把他的耳朵拧下来，看出来他真的生气了，冲着摇绳子的同学急赤白脸地大喊："你怎么抡绳的？"我发现之后，就把任同学叫过来，让他看别的同学跳绳，每一次有同学失误的时候我都特意指给他看，然后我问他："你知道我让你看什么吗？"他一边看一边流眼泪，说："知道，老师让我看同学们跳坏了之后的表情。"我说："是的，跳绳是个合作项目，需要摇绳和跳绳的同学配合才行，出了问题要先找自己的原因，只有先从自己找原因才能融入集体，才能进步。"从这以后，他再跳长绳的时候，虽然也有失误、跳坏的时候，但不再埋怨同学了，与同学的关系也融洽了。

我想，他涂成黑色的心情也该变红了吧。我找到了任同学的困惑和苦恼，我和他一起走出了这片阴霾的天空。我想，知心教育带给我们的是教师和学生两方的幸福。

【点评】

著名教育家埃莫森说过："教育成功的秘密在于尊重学生。"把爱的阳光洒向每个学生心田，是教育艺术的最高表现。教师要从内心真正尊重孩子，抓住契机非常重要，往往会起到事半功倍的效果，诱发学生向上的内驱力。赵老师在这则故事里揣摩、实践着……

王爱华

“零基础”的蜕变

五年级学生　廖娇娇

光阴似箭，岁月如梭，不知不觉中，王华老师已经教我两年了。两年来，王老师不仅教会我许多英语知识，也教给我许多做人的道理。我忘不了王老师在学习上对我的精心教导，忘不了王老师在生活中对我的亲切关怀，更忘不了在我困难时王老师给我的支持和鼓励。

王老师身材微胖，浓浓的眉毛下有一双炯炯有神的眼睛。她那略微凸起的颧骨和那张说起话来滔滔不绝的嘴巴，会给人留下深刻的印象。课堂上，当你搞小动作时，她会立刻注视到你，会让你感受到她目光的威严；课堂下，她平易近人，和蔼可亲。自然而然地，她的气质和风采给我留下了深刻的印象。

四年级我刚从老家转来的时候，由于从没学过英语，所以对英语一窍不通。当我打开四年级的英语课本时，那上面密密麻麻的字母简直令我头昏目眩，再看看班上其他同学在课堂上的表现，更让我感觉自卑，对学英语没有一点儿信心。不久，王老师看出了我的沮丧，便把我叫到了办公室。起初，我很紧张，心想："老师叫我肯定没好事！"出乎我的意料，王老师拉着我的手和蔼地对我说："老师知道你学英语有困难，因为你的英语基础不好，但是学好英语关系到你将来走向社会、提高生活和工作质量的基础。万事开头难。只要你明确学习英语的重要意义，用心坚持就一定能克服困难，迎头赶上别的同学！你是个聪明的孩子，老师相信你能行，加油！"王老师的一席鼓励给我指明了学习的方向，给了我学好英语的动力，让我渐渐找回自信。在第一学期的家长会上，王老师和我父母进行了沟通，老师和家长相互配合，为我学好英语创造了良好的条件。为了不辜负王老师的期望，上课时我认真听讲，遇到问题就第一时间请教王老师，王老师也会耐心指导我。放学后我也抓紧时间补习。暑假期间父母给我报了英语培训班。渐渐地，我的英语成绩有了很大提高。记得五年级第一学期有个英语口语比赛，这对我来说既是一个检验又是一个挑战，更是回报老师和家长的一个机会，我毫不犹豫地报了名。王老师非常高兴，鼓励我认真准备比赛稿。比赛当天，我自信地走上舞台，话筒里传出我朗读英文的声音，台下不时响起老师们的掌声，我看着坐在台下的王老师，她依然是用那张灿烂的微笑给我肯定，那双炯炯的大眼睛仿佛在说："你真棒！"

这就是在我成长过程中王老师对我的激励和肯定，我正是因此对英语学习充满了兴趣。这也让我真正懂得，与人为善、用爱心温暖别人，我们才能共同成长、进步。

鼓励，让我变得更加自信

五年级学生　周紫倩

是谁把无知的我领进宽敞的教室，教给我丰富的知识？是谁把幼小的我培养成为成熟懂事的少年？是您！我敬爱的班主任刘姣老师！

我们和老师朝夕相处，经常会发生许多有趣的事情，而令我印象最深的就是五年级下学期的开学典礼。今年3月，学校组织了一场别开生面的关于“低碳环保”的开学典礼，我们班要去公交车车站做宣传。我清楚地记得，我负责向路人粘贴环保贴纸。当时我非常胆小，不敢与别人交流。就在我踌躇不前的时候，刘老师走了过来，亲切地摸了摸我的肩膀，温柔地说：“你怎么了？你怎么不去宣传呢？”我胆怯地说了一句：“我怕他们不答应，我怕他们拒绝我……”老师笑了笑，语重心长地对我说：“别怕，你去试试，不要不尝试就轻易说放弃，一定要大胆一点，去吧！”老师一句鼓励的话语还有信任的眼神，使我放下了包袱，有了一点儿实践的勇气。不一会儿，一位老奶奶从远处走来，我壮起胆，跑上前去，搀着老奶奶的胳膊，哆哆嗦嗦地跟她说：“奶奶您好！我……我们是……织……织染局小学五年……年级一班的学生。”对于我的表现，老奶奶反馈给我的却是一种爱答不理的态度，我更加紧张了，大冬天的连脑门儿都出了汗！我正想继续往下介绍，可谁想这时一辆公交车进站了，老奶奶连声招呼都不打直接就走向了车！这情景使我非常失落，心想：我再也不去做什么宣传员了，实在太难了！我这话还没说完，怎么就走了？我生怕身边的同学都瞧见我这副沮丧的样儿，于是赶紧垂头丧气地走到刘老师身边，头也不抬。刘老师见我这副模样，忍不住笑了笑。我心里更是火了：连老师您都不理解我了，还笑我！“是不是没有成功啊？”我点了点头，老师接着说：“没有关系，俗话说得好，失败乃成功之母，不失败怎么能成功呢？没有谁会那么幸运能把所有困难一次性搞定哦，再去试试！”听了老师的话，我重拾信心，心想：再给自己一次机会，刚刚紧张得连话都没说清楚，不能怪别人。没过多久，我找到了一位正在等车的爷爷，这次我没有上次那么结巴了，很顺利地把介绍词复述了一遍，我看爷爷对我讲的很感兴趣，便顺利地把一张低碳环保的贴画贴到了爷爷的胸前。爷爷拍着我的肩膀直说：“谢谢同学，谢谢同学！”这下我可高兴了，满心欢喜地跑到刘老师面前，得意地说：“老师，我成功了，我把低碳环保的贴画发放出去了！”刘老师又绽起她那美丽的笑脸，虽然只是点点头，但我却从她的眼神中读到了一些语言无法表达的东西。在我们全体师生的努力下，那天的宣传活动成功结束了。

那次活动之后，我就像变了一个人一样，越来越有自信，无论是学习还是生活，做什么事情都精心准备，充分发挥，收获也就越来越大。

事情往往都是这样，有时候老师的一言一行就有可能影响我们的心态，从而改变一个人。刘姣老师就是这样，用自己的言行影响着我们每一个人，这样的小故事经常发生。她关注的目光、鼓励的话语，激励着我们全体同学不断进步。

我爱刘老师

六年级学生　孟姝玮

老师像春天的微风，把新意与蓬勃吹给我们；老师像夏季的暖风，把知识与理智送给我们；老师像秋天的凉风，审视我们的错误与缺点；老师像冬季的寒风，无情地吹走我们的杂念与污点。我爱我的老师们，因为他们无怨无悔默默奉献着自己的青春，因为他们用心地爱着我们每一个人。就要离开织染局小学了，对老师的爱却越来越浓。

刘老师是我们四年级的语文老师，她留着长长的头发，一双眼睛炯炯有神。她教我们读书、写作文，带我们感受语文的魅力，更让我爱上了语文这门课。我喜欢刘老师的教学方法，喜欢她独特的见解，喜欢她严中有爱的态度和对工作的认真。虽然她对我们要求十分严格，但她的脾气非常好，对我们很耐心，让我感觉到学习语文没有压力，反而很快乐。

刘老师每天早早地就来到学校，当我们走进教室时，她一定已经坐在讲台前开始批改作业了。对待我们的作业她很认真，无论质量还是书写都有严格要求。在质量上，她不许我们有错别字；在书写上，她要求我们字迹工整，卷面整洁。

花儿要感谢阳光，因为阳光抚育它成长；鲜花要感谢雨露，因为雨露滋润它成长；苍鹰要感谢长空，因为长空让它飞翔；高山要感谢大地，因为大地让它高耸；大地要感谢小草，因为小草让它美丽……我要感谢刘老师，是您传授给我知识，让我健康成长。

我爱您，刘老师！

我爱我的班主任

六年级学生　李淼

我有一位可爱的老师，她有一排修剪整齐的刘海，一双黑黑的大眼睛总是温和地望着我们。她就是我们的班主任——王老师。

王老师对我们的学习抓得很紧。在课堂上，她很严肃，从不随便说笑。她常常说："语文是国学的一部分，是一点也不能马虎的，哪怕是一个笔顺、一个标点，都要认真对待。"在王老师的带动下，我们都养成了认真的习惯。王老师告诉我们，我们的父母把我们送到学校，她就要对我们负起责任。她是这样说的，也是这样做的，不管是谁，学习上都不能掉队。

王老师经常教育我们，班级与学校就是我们的家，我们一定要热爱这个家，为这个家争荣誉。所以，我们每个同学都像在自己家里一样，每个人都是小主人。教室脏了，我们主动打扫；桌椅歪了，我们主动摆整齐；同学有困难了，我们主动伸出帮助的手。在老师的教导下，我们齐心协力，团结一致，两年来，在各项比赛中，我们班好成绩不断：广播操比赛，歌咏比赛，拔河比赛，我们都是第一名。当我们在台上领奖的时候，我们的王老师站在远处微笑着，亲切而又幸福地望着我们。那眼神里，满是鼓励，满是欣慰。

两年来，每天早上王老师走进教室的时候，都会轻轻地推开门，默默地走进来，然后观察我们每个人的表情：我们今天的心情，有没有忘记完成作业，与同学闹没闹矛盾，都逃不过她认真观察的眼睛。王老师会在课后单独找这些同学谈心，然后耐心地帮助解决。我们感觉老师就像妈妈一样关心着我们。

我爱我们的王老师。

我爱我的老师

六年级学生　刘嘉诚

蜜蜂辛勤地把花粉传播给花朵，老师辛勤地把知识传授给学生，在众多辛勤的老师中，我最喜欢我的语文老师，也是我们的班主任——王老师。

王老师像妈妈一样美丽，一头又黑又亮的长头发像小瀑布似的披到肩上，不大不小的眼睛好像会说话，时刻在提醒我们，“要好好学习呦！”这就是我们的王老师。

王老师在学校有很多工作，经常看到她忙碌的身影，但不管多忙，对于我们的学习她从来没有半点马虎。批改作业细致认真，解答问题和蔼耐心。我写作业时总是马虎，记得有一次写“铁”字，我在写“失”的长撇时没有写出头，妈妈也没有检查出来，可交作业时王老师一眼就看出来了，马上让我改正，并要求我写了两遍，给我留下了深刻的印象。这就是我们认真的王老师。

和所有老师一样，王老师也希望我们成绩优异。课下，她一遍遍地为我们讲解疑难问题；课上，嗓子都哑了还坚持为我们大声范读课文，让所有同学都能听得清清楚楚。这就是我们坚持的王老师。

王老师对我们的学习习惯要求非常严格，布置的作业，哪怕是口头的，第二天一早都会逐项检查，从来没有遗漏。这就是我们严厉的王老师。

我们的王老师是一个美丽、认真、慈爱、严厉的老师。今年我小学毕业并以优异的成绩被东直门中学录取，我的好成绩与王老师的辛勤付出是分不开的。此刻，我只想衷心地对王老师说声：“谢谢您！”

我爱英语王老师

六年级学生　王景涛

王老师是我们的英语老师，她个子不高，胖乎乎的，一头乌黑的短发，非常可爱。王老师喜欢和我们聊天，喜欢和我们开玩笑，因此，我们都很喜欢她。而对工作她又是那么的一丝不苟。

有一次，王老师给我们做听力练习，我们好多人把“my”听成了“mine”，就因为这，王老师把这道题又讲了三遍，还特地找了七八种同一类型的题目让我们练习，反复强调：“下次千万不要忘记啊，要分清楚啊……”不过，我们一点也不认为这样的唠叨很烦，因为它不但让我们掌握了英语知识，使我们取得了好成绩，更让我们感受到了王老师对我们的关爱。

王老师是五年级才开始教我们班的，记得当时我们班的英语基础比较差，有很多新转来的同学甚至没有学过英语，王老师就想尽办法帮我们提高成绩。她会随着学习的进度整理重点单词、词组和句子，印成复习资料发给我们；每周有两个早晨，她都会走进教室带我们朗读课文、听写单词；对于那些从未学过英语、基础很差的同学，王老师会利用午休的时间帮他们补习，希望他们早一天赶上来。两年来，王老师就是这样一点一滴地辅导我们、帮助我们进步。我们也没有让王老师失望。在刚刚过去的毕业考试中，我们获得了喜人的成绩。这成绩是我们的，更是我们王老师的！

我在书上看到过一句话：“因为心中有爱，所以才会美丽。”我想，王老师正是如此。她很爱我们，所以在我们眼里她是最漂亮的。

我爱语文王老师

六年级学生　王旗旗

我们的班主任王老师是一位和蔼可亲、做事认真的老师。从学习到生活，她对我们都有严格的要求，两年来，王老师带领我们这个集体两次被评为“东城区先进集体”。顽皮好动的我，有时觉得老师管得太宽、要求太严，人是被管住了，心还在外面游荡。但是，那一天我真的开始听话了。

记得那是在六年级上学期发生的一件事。那天早上来到学校，我看见王老师眼眶乌黑乌黑的，面容憔悴，脸色苍白，好像一夜之间老了好几岁。到第四节语文课，我发觉王老师快坚持不住了。

第四节课刚开始没多久，王老师开始范读课文，才读了两句，突然咳嗽起来，而且越咳越重、越咳越急促，脸也涨得通红。当时我们都有些傻了，照这样咳下去，王老师可怎么讲课呀！我忽然想到了早上妈妈给我带的草珊瑚含片，对了！就让它来帮忙吧！它应该能暂时止住老师的咳嗽。我连忙掏出含片，走到讲台边，“王老师，您含一片吧！”只见王老师躬着腰，摆摆手对我说：“谢谢你，我能坚持，我们接着上课！”老师又咳嗽了几声，缓缓地直起腰来，继续给我们讲课。这一刻，我被王老师的那句话和她的行为所感动，心想：老师带着病还来为我们上课，我一定好好表现。其他同学大概也是这么想的，那节课，大家听得比平时更认真，积极举手发言，课后作业也做得又快又好，因为我们都不想再让王老师着急。

回想起王老师带病上课的情景，从那天起我仿佛突然长大了许多。今天，我从小学毕业了，上了初中，迎来了新的起点，但我依旧最爱我们的班主任——王老师。

关 爱

毕业生　杜禧悦

今天我路过小学校园时，看见校门口的墙上有新添的展板，里面有我最熟悉的身影——冯老师。我想起了一些上小学时发生的事情，有一件事让我终生难忘，并深深地影响着我。

小学六年级时的一节语文课上，我突然觉得肚子不舒服。心里一直絮叨：要忍住呀！但是我的肚子里像翻江倒海似的。我听不进冯老师在课上讲了些什么内容，捂着肚子难受地趴在桌子上。这时，冯老师快步走到我的面前，一脸急切地问："怎么了？哪里不舒服？是不是想吐？快去厕所吧！"我马上站起来。但是，意想不到的事情发生了。"哇"的一声，我吐了出来。冯老师立刻拿出一包纸巾，递到我手里，扶我走到了门口，并嘱咐其他同学收拾残局。我不管三七二十一地向厕所跑去，在那里大吐特吐起来。

我双手按住胸口，生怕五脏六腑一股脑地吐出来。我的脸在痛苦地扭曲，心也在无助地跳动。这时我才发现，厕所是如此的安静呀！四周空荡荡的，只有我一个人，好像没人理解我的痛苦，望着这寂静的空间，我开始有种莫名的孤独感，关心我的人在哪里？我静静地想：也对，大家都在上课，谁会来这……突然，一阵急促而紧张的脚步把我从幻想中惊醒，我向门口瞅了瞅，一个熟悉的身影——冯老师。

我轻声地说："冯老师，您快去上课吧。"她一手扶住我的肩膀、一手摸了摸我的额头，关心地问："好点了吗？"我轻轻地点点头，心里还在重复着刚才发生的事情。我发现，冯老师的眉宇之间有一丝紧张，一丝关心。她好像妈妈对待自己的宝宝一样，把我照顾得无微不至，话语间充满了关爱，此时的我镇定了许多，她欣慰地笑了。冯老师用手轻轻拍着我的背说："一会儿回家多休息，记得以后吃东西要注意……"她说了很多，但当时我却未曾觉得它冗长，只觉得有一阵温暖的风蓦地包围了我。我觉得自己很幸福，至少有冯老师在身边陪伴着我。

我们之间的师生情不需要那么多华丽的语句来描述，学习生活中的一点一滴就已经完美地代表了我们的深厚感情。我深深地爱着我的语文冯老师。

和蔼可亲的冯老师

毕业生　曹嘉颖

在我小学五年级和六年级的学习中，有这样一位好老师。她长得漂亮，头发短短的，眼睛不大不小。在我的印象当中，她工作总是那么认真负责。每当有同学遇到了难题，她都会去帮助解决；每当有同学不懂或不会，她都会耐心讲解，直到弄懂为止。这就是我们和蔼可亲的冯老师。

有一次，天灰蒙蒙的，还下着大雨。那天，我忘记了带伞，回不了家。我站在楼上往下望，心想："下这么大的雨，又没带伞，我该怎么回家呢？怎么办啊？"正当我焦急万分的时候，冯老师走了过来，微笑着递给我一把伞，亲切地对我说："天不早了，还下着雨，你快回家吧。别让爸爸妈妈担心了。"我轻轻接过伞，对冯老师说了声："谢谢！"一股暖流一直流进我的心里。虽然那时有很多话想要对冯老师说，但是所有的话最终都汇聚成了两个字——谢谢。随后，我高高兴兴地打着伞回家了。此时，我心里想："冯老师真关心我，真爱我。冯老师真好！"

那只不过是一把普普通通的伞，却包含了冯老师对我的爱。这爱，一直留在我的心里，一直温暖着我的心。

现在我已经升入初一，也换了新的老师。但是冯老师对我的爱已经深深地埋在了我的心里，使我终身难忘。我想对您说："冯老师，我爱您！"

我爱我的赵老师

四年级学生　曾　源

赵老师是我们的班主任。个子不高不矮，戴着一副黑眼镜。在我心目中，他是我遇见的最好的老师。

记得有一次做单元卷子，我们自己先做了一遍，然后赵老师就一题一题给我们讲解，讲得非常清楚。我当时觉得自己一定能考得很好，就没怎么听赵老师讲题，而是望着草地上的善行石发呆，最后果然考得很不好。赵老师就找我说："你这次单元考试成绩很不好，我给你讲一个关于坚持学习的故事吧。"故事内容我已经忘了，其中令我感动的一句话是：蜗牛爬上金字塔是因为它的坚持。从那以后，我就不放弃每个学习的机会，结果真的在期末考试的时候考了一个好成绩。

我真的要好好感谢赵老师对我的教导，要不是赵老师的那句话，我也考不出那样的好成绩。我爱赵老师。

我爱我的班主任赵老师

四年级学生　汪晗宇

我最爱的老师是我们的班主任赵老师，他是教我们语文的男老师。赵老师非常和蔼可亲，在我们犯错的时候，他不会惩罚我们，而是通过一些道理引导我们认知什么是对的、什么是错的。

赵老师头发短短的，显得很精干，他给我印象最深的是那圆圆大大的肚子，好像里面装的全是知识。他还总是戴着一副黑框眼镜，镜片后面是一双炯炯有神好似雷达的大眼睛。

赵老师做事非常认真，一丝不苟。为了能让我们更好地写出校园的景物，赵老师带着我们从教学楼门口的善行文化柱到知心长廊参观了好几遍。每次考试之前，赵老师总会把我们学过的知识点从头到尾复习一遍，还认真地出习题让我们做。然后他会根据做题结果分析出我们易错的知识点，再不厌其烦地给我们多讲、多复习，直到我们会了再复习下一个知识点。这次期末考试的时候，我一看发下来的卷子，哈哈，太好啦！所有考题我们都复习过。而且，赵老师给我们复习的主要知识点全在考卷上出现啦！我们的赵老师可真是神机妙算啊！

别看赵老师对我们在学习上非常严格，生活上可是非常照顾我们的。比如学校要求每个月准时交饭费，但有一次我忘记带了，因为我的住家离学校很远，而我奶奶就住在学校附近，我就对赵老师说："能不能给我奶奶打个电话，让奶奶把饭费送到学校来？"赵老师想了一下说："奶奶年纪大了，走路不方便，怕来回的路上不安全。明天一定记得把饭费带来。"这件事令我非常感动，他不仅替我们学生着想，而且还想到了我们的家长啊！

可惜的是，赵老师下学期就不教我们了。但是，我会永远记住这位好老师的，因为他做事让我敬佩。

我爱体育齐老师

四年级学生　李静雯

我爱我的体育齐老师。他让我敬佩，让我仰慕，因为是他给了我自信。

那是我们打篮球比赛的日子，我站在篮球场的三分线上。裁判吹响了第一局开始的哨声，对方开始发球，我盯住了那个接球的人，突然听见了齐老师的叫喊："防住喽！"这时我冲了上去，没想到中了对方的圈套，接球的人迅速把球传给了队友，而我却没有防住，让他们进了球。我对自己没了信心，这时听到齐老师说："没关系，这次要打3。"我的精神马上提了上去。队友开始发球，我迎了上去。我想起齐老师对我说的"打3"，就立马穿过了对方的方阵。这时对方的一名队员见势不好上来推了我一把，裁判吹响了哨声，对那个队员说："你犯规了。"裁判竟然让我投两分球，这让我惊呆了。我想：完了！我从来都没投进一个呀！再说了，这篮框太高了，根本进不了。忽然，我听见齐老师叫喊："不要害怕，一定要精神集中，手法正确！"我拿着球瞄了半天，手一用力，投！我闭上了眼睛，突然我听见好多声"yes！"，还听见了齐老师大声叫："李静雯，好样的！"我睁开眼睛一看，篮网在晃动，写比分的同学在给我们添成绩，我才知道我真的投进去了！我兴奋地奔向齐老师。看得出来，齐老师很开心，原本紧绷的脸上露出了甜甜的微笑。他对我说："没有白练呐，看得出来你平时努力了，只要有信心就一定能行！"

齐老师那简单的几句话，给我了莫大的鼓励，让我有了信心、赢得了比赛，我很感谢齐老师给我的鼓励。这样的老师谁不喜欢呐？我要大声说，我爱我的齐老师！

我爱赵老师

四年级学生　徐美琪

我最喜欢我们的班主任赵老师。别看他是男老师，他身上最大的特点就是幽默和温柔。有一次，赵老师给我们讲比喻句："同学们，我就拿我自己做一个例子吧：赵老师的肚子像皮球一样。"同学们听了之后都笑了。

有一天，我们上语文课，赵老师让我们做练习题，教室里静悄悄的，静得都能听见投影仪在工作的声音。过了一会儿，赵老师抬头看了看教室后面的钟表，他用手撑着桌子，慢慢地站起来，我以为赵老师因为太胖，所以连站起来都费力。但是，我仔细一想，赵老师前几天说他摔倒了，腿受伤了，所以才一瘸一拐的。想到这儿，我的心酸了一下，我多么想扶一下赵老师啊！赵老师瘸着腿走下了讲台，来看我们做题做得怎么样，有些同学把头低得太低了，赵老师就用他那胖乎乎的大手扶一下那些同学的头，或提醒他们把头抬高一点，当赵老师走到我跟前时，也用手扶一下我的额头，示意我把头抬高一点。我把头抬起来之后，赵老师拿起我做题的那张纸，边看边点头，他把纸放到我桌子上，用手轻轻摸了摸我的头笑着说："做得不错，以后继续保持就好了！"我永远不会忘记赵老师那时的笑。

他虽然是男老师，但是幽默风趣、温柔体贴，这就是我喜欢的赵老师。

我爱我的音乐王老师

学生　潘 雪

我爱我的老师——音乐王老师。王老师的眼睛好像一双明亮的珍珠，王老师的脸上镶着一个挺直、秀美的鼻子，王老师的嘴唇包在匀整的白牙齿外面，像一朵待放的花。她是我们学校最美的老师。

有一次，上音乐课之前，王老师关心我，还给我一个瓶子，我不知道有什么用，居然把瓶子给扔了。进音乐教室后，王老师问我："刚才给你的瓶子呢？"我说："扔了。"王老师说："你得捡回来，再往瓶子里灌点儿水。"我立刻跑了出去，在楼道里找到了瓶子，接了一半的水。回到教室后，我把瓶子递给了王老师。王老师看了看，说："其实这个瓶子是送给你，希望你能好好珍惜它。"王老师，谢谢您能原谅我的粗心，我爱您王老师。

我爱冯老师

三年级学生　王子涵

我爱我们的冯老师，因为冯老师给我们上课都是笑着讲课，很少生气。有一次上课有人回答问题答错了，冯老师说：“没有关系。答错了不重要，重要的是忘掉错误的，记住正确的。”一次，冯老师来到学校，看我在操场闲逛就借给我一个飞机模型。

冯老师从不耽误我们的课。有一次冯老师学开汽车时腿受伤了，但他还是坚持来给我们上课。我们说：“冯老师您还是回去休息吧。”冯老师说：“没关系，我能走。都快要考试了，我不会落下你们的课的。”我们都被感动了。

谢谢冯老师您一年来对我们那么好，我爱您冯老师。

我爱数学王老师

三年级学生　颜京龙

我们的班主任叫王海燕。王老师有一头乌黑的秀发、一双神秘的慧眼被眼镜保护着。观其相貌，颇有学者风度。

我们温柔的王老师有几个我最喜欢的特点。

第一个特点就是很关心我们。记得有一次，我腿上有一块绿豆大小的伤疤，我就用手抠，本以为没什么事，但是那个地方在不停流血。我找同学借了一张纸盖住伤口，以为能止血，可是没有用。我就举手对老师说，我的腿流血了。老师让我过去，给了我一个创可贴，叫我贴上。

第二个特点是点子多。有一次，老师让我们拿太极扇去操场练习，所有的同学都冲上去抢着拿扇子。刘洋走到老师跟前说："这么多人，怎么拿呀？"老师说："等他们拿完，剩下的那把不就是你的了。"

老师的第三个特点就是有耐心。有一次，我看到一个同学找老师问问题，老师很有耐心地讲了一遍，那位同学回到自己的座位上，用老师说的方法做了一遍，拿去给老师看，老师一看，不对，又给他讲了一遍。同学回到座位上，又做了一遍，给老师一看，做对了，老师表扬了他。

说了这么多，想表达的意思就是：我爱王老师。

我爱王老师

三年级学生　张碧榕

王老师是我们的班主任，也是我们的数学老师。她中等身材，一张秀气的脸上戴着一副眼镜，一头披肩卷发，显得特别漂亮大方。

王老师开始接我们班时，看着她那严肃的面孔，我真有点儿怕她，可当她慢慢走近我们，我越来越喜欢她了。王老师每天早自习都会陪着我们做口算，虽然每次都是她第一个做完。在她的鼓励和帮助下，好多同学都快赶上她了。

有一次我换舞蹈服的时候，一不小心把鞋掉进了水池，这下我可傻眼了，穿什么呢？就在我发愁的时候，老师悄悄走到我身边。递给我一双鞋，虽然穿着有点儿大，我心里还是暖暖的。我说："谢谢您，老师！您太细心了。"

我真想大声喊出来："老师我爱你。"

我爱我的冯老师

三年级学生　李　雅

在我们所有老师中，我最喜欢我们的语文冯老师！虽然有些老师教过我们，但冯老师是我的最爱，因为冯老师的一个举动使我感觉她是最伟大的人。

有一次，冯老师有好几个星期没给我们上课了。我感觉非常奇怪。我听说冯老师生病了，由其他老师代课，其他老师代课我一点儿都不喜欢。他们讲得一点儿都不好，每次讲课我都听不进去。我终于等到冯老师来了，冯老师腿上受伤了，还拿着一根像拐杖一样的东西。老师的腿一定伤得很严重，因为老师走起路来很慢，可能会疼得很厉害。当时我特别感动，老师带病坚持上班！我想这就是老师对我们的爱。

期末，本来以为能考一个好成绩回报老师的辛苦，可惜没考好，被妈妈骂了一顿。不过，冯老师的腿也好了，所以我特别高兴！

我爱我的徐老师

三年级学生　谢田田

我在织染局小学读书，那里的环境非常好，有优美宜人的校园，有宁静温馨的图书长廊，还有朗朗读书声的教室。同学们很有礼貌，老师更是对我们关爱有加。我爱那里的一切，更爱我的老师。

记得这个学期春天的一个周一的早晨，休息了两天的我，已经迫不及待地一早起床了，忙着上学前的准备。等到我高高兴兴穿上平时最爱的那双小碎花的袜子时，我突然疼得哭了起来，妈妈诧异地跑过来问我怎么了。我说被蜜蜂蜇了。妈妈还不信，直到看到留在袜子里的蜜蜂她才相信了。一时手忙脚乱地帮我涂药水。这时，我记起上健康课的徐老师给我们讲过，被蜜蜂蜇了要立刻把刺拔出来。我教妈妈这样做了。但我还是疼，只好忍着疼痛、瘸着腿上学去了。

当天上午的第四节课刚好是徐老师的课。她可能注意到了我有点痛苦的样子。下课后，轻声地问我怎么了。我告诉了她早晨的遭遇。徐老师牵着我的小手到了医务室，给我涂了一点紫紫的药水。告诉我以后遇到这种事情，一定要记住先把刺拔出来，再上点紫药水，就好了。

望着还是肿肿的脚，虽然还是疼，但是看着徐老师可爱的笑脸，我感到好像疼痛好多了。

我打心眼里爱上了我的徐老师。

我喜欢冯煜老师

三年级学生　向 冉

我爱我的老师，因为她非常可爱，呵呵！胖胖的身材，不大不小的眼睛炯炯有神，而且说话非常幽默。她就是我喜欢的冯煜老师。

冯老师在学校对我们可好了，非常关心我们。有一次，一名同学的腿不小心弄破了，老师马上给她上消炎药。还有一次，另一名同学不知怎么哭了，冯老师安慰她说：“不要哭，你是我们班最勇敢的一个。”嗨，这下可真灵，果然她不哭啦。

今年夏天，她自费给我们班买了洗手液，每天吃饭都叮嘱我们要先洗手再吃饭。这样的例子还有好多好多……

我了解了冯老师，更加佩服她了。

谢谢您给予我们鼓励

毕业生　叶丰源

在那个9月1日，我走进了那个班级，认识了那个可爱的班主任——冯老师！那个身材略丰满的老师；那个笑起来眼睛眯成一条弯弯曲线的老师；那个受同学爱戴的老师；那个让我们觉得非同一般的老师；那个一直都在鼓励我们的老师！

记得学校每个班都要在校运动会上展示班级体育特色，我们六年级是轮滑。这也算一件重要的事！于是乎，课后的体育锻炼时间自然成了锻炼轮滑的好时间。

体育锻炼时间到了，同学们集体屁颠屁颠地从三层的教学楼“飞”到操场，拎起轮滑鞋就跑到操场的彩凳上，开始了换鞋行动。换装完毕，每人正绕操场X圈、逆绕Y圈。

老师笑眯眯地看着我们跑完一圈又一圈。脸上的样子看起来多了几分可爱与欣慰！

下面是另一种训练——花式轮滑。我站在一旁，一直不敢去尝试新的花样。终于，我想迈出这第一步，到了小圆锥前，退后几步，先助跑一小段，再双脚交叉、分开、交叉……“哎呀！”我偏离了轨道，跑到一边去了。这时只见冯老师在旁边鼓励我们这些第一次尝试的同学，一边笑着，眼睛又变成了一条弯弯的曲线！不得不说，那个样子可以去参加选美比赛了！

有几个“闯关成功”的同学，兴高采烈地“飞”了回来！高兴的不只他们几个，还有那个一直陪着我们的冯老师。仍然是笑眯眯的。

我们留下了汗水，收获了坚持；我们忘不了脚酸的感觉，却都还能蹦蹦跳跳！我们虽没真正成功，却铭记了您的鼓励！

每天到学校，总能看见您的身影：手里拿着一份早餐，走进办公室……办公桌上有许多水晶球，电脑屏下有好多便利贴……也许是老师怕忘了事情吧。老师眯着的眼睛也更有弧度了。

老师累了。为了我们，她累了……

老师，谢谢您，在这几年为了我们而与我们一起奋斗！我将永远铭记你的鼓励，还有那会心的微笑！

与“善”结缘

五年级学生　魏 胜

那个人，是我人生的导师。那个人，是我奋进的目标。那个人，是我第二位母亲。那个人，就是我的班主任——刘姣老师。

刘老师中等身材，白白的皮肤，一双大眼睛。她的头发在阳光的照射下金灿灿的，十分好看。说到刘老师，我转校后第一眼看到她时，就觉得她很面善。在以后相处的日子里，我发现刘老师不仅自己善良，而且还教育我们要做善良的人。不仅这样，她做事从来都是善始善终，而且让自己的学生把每件事都做到最好。就拿那次演讲比赛来说吧。

这个学期，我有幸参加了一次东城区组织的演讲比赛。老师指导我把稿子写好，放学后就开始了我们漫长的“演练”。四年级才从江西转来的我，普通话讲得不是很好，念稿子时我十分紧张，害怕给学校丢脸，给刘老师丢脸，从而更加刻苦练习。记得那天演练中，刘老师在一旁皱着眉，不断地帮我挑毛病并让我改正，一遍又一遍示范给我读，尽力让我做到最好。在几次练习中都不见刘老师往常的笑脸，留给我印象最深的是她那句话：“既然参加了就要尽我们的努力做到最好。”这是刘老师对我的要求，也是我必须达到的目标。在刘老师的帮助和鼓励下，在那一次的演讲比赛中我获得了一等奖。

刘老师不仅是个做事善始善终的人，还是一个很善良的人。就在这学期期末，刘老师得知我要转学。又是跟我交流，又是跟我家长通电话，就是想把我留下来。但是很可惜，由于年龄的问题最终我的家长还是执意让我回到老家念初中。刘老师得知已经留不住我的那天，眼圈红红的，还不时地叹气。我知道老师是希望我能和大家一起在北京学习，开阔视野。听到老师的叹息我的心也很酸。在这个学期的结业式那天，我给老师写了封简短的信：“老师，希望您能够快乐起来，即使我在外地学习，也会记得您跟我讲过的道理，请您放心，我一定会努力学习！”把信交给老师后，我就背着书包离开了学校。回头看看，这里有我童年最美好的记忆，这里的每一位老师都是我人生的启明星，而今天我却要和它说“再见”了。

在织染局小学生活的两年里，我不断地与“善”结缘，我明白了学会选择，善行天下的意义，也懂得了用心、坚持、真诚地对待一件事才能做到真正的有为！令我最难忘的是与我两年相伴的班主任刘老师，她就是这样一个做事善始善终、心地善良的人。刘老师的善教会了我许多，使我从一个腼腆的男孩子变成一个自信的男孩子。我要对刘老师说声：“谢谢您，亲爱的老师！”

我梦开始的地方

五年级学生　廖娇娇

每天清晨，伴随着缓缓升起的阳光，开启了我一天的学习生活。我的学校名叫织染局小学，她坐落在北京市东城区织染局胡同。听爷爷说：“织染局胡同属皇城内，自明朝起就是为皇宫染造缎匹绢帛的地方。现在的校址就是当时织染局设立的严华寺佛堂。”虽然现在佛堂已荡然无存，但是我能在这所经过历史“织染”的学校上学，内心总是勃发出一种自豪感。

每当我走进学校的大门，首先映入眼帘的是教学楼上“学会选择，善行天下”八个红色的大字，它的下方有三根嵌有含“善”字词语的“善行文化柱”，它不仅支撑着学校的大厦，而且托举着我们的校训。每当我进出这校门，它时刻激励着我要正确选择人生，鞭策着我向美好生活出发。

我的学校面积虽然不大，但她的每个角落都点缀着学校的办学理念。操场的周边有两块一人高的方石，上面分别刻着两组鲜红的大字“知心”“善行”，好像两位慈祥的爷爷随时告诉我们要行善、做善人。操场四周的墙面上挂着由全校三百多名师生的笑脸组成的“礼仪长廊”灯牌。每当我们走过操场，这一张张笑脸好像时刻提醒着我们要微笑待人、懂得礼貌。

我们学校不光校园建设得好，而且还有一些受欢迎的特色课程。比如，我们学校有一门教大家农业知识方面的课程——“农识课”。你可不要小看这门课，这门课的主讲老师可是我们来自农村的爸爸妈妈们！我的同学们大多数都是来京打工人员子女，父母平时工作特别辛苦，学校为了能让我们和父母一起感受学习的过程，特意开设了这门课。在这门课上，我们看到自己的父母当上了老师、受到了尊重，感觉无比自豪。

你们相信吗？在我们学校里，每一位同学都有自己的梦想。我们学校的励志教育已经开展一学年了，学校组织我们参观各大名校，开阔我们的眼界。记得在我们学过一篇课文中提到，周恩来总理从小的梦想就是“为中华之崛起而读书”，我也有自己的梦想，那就是将来成为清华大学的学子！这个梦想来源于一次全校师生去清华游学活动。还记得那一天，在老师的带领下我第一次走进清华大学，以前只在电视上听到过它的名字，而那天我们走在清华的古树绿茵下，触摸着它百年历史的建筑，同学们不由得感叹着：“能在这里读书真幸福！”正是从那一刻起，我便在心头埋下了这颗种子，并更加珍惜每一天的学习机会。

这就是我的校园，她是一位能包容我们的妈妈；这就是我们的校园，她是一位教我们行善事、做善人的长者；这就是我们的校园，一个梦开始的地方。

让特色课程建设与实施结构出学校“知心教育”办学特色

校长	王凤岭
副校长	周京胜
教学科研主任	王爱华

东城区织染局小学是区内极普通的办学规模较小校，在国家教育均衡发展的大好形势下，在东城区“精品特色 校校精彩”的战略部署中，学校谋求“校不在大 做精则名”的教育信念，近几年，学校各方面工作取得了巨大的变化。学校在获得“北京市礼仪示范校”荣誉的基础上，获得“北京市学生综合评价工作先进单位”、“东城区首批健康促进窗口校”等称号。参加了教育部牵头组织的“身边的好学校”、北京市“网络媒体进校园——探访身边特色校”和“百姓身边的特色优质校”报道活动。2010 年至今，26 家平面媒体报道学校 111 次。学校新建的仅两年的网站点击量突破了 10 万（见下图）。

仅 2011—2012 学年度，学校活动新闻先后两次在中央电视台新闻栏目中播出，两次在北京电视台新闻栏目中播出。2012 年 1—12 月一年间，各种媒体报道学校 75 次，其中学校“知心教育”办学特色、学校“善行文化”建设、特别是特色课程建设成为报道的主要内容。

某位经济学家说：国民生产总值重要，但没有经济结构重要。同样，织染局小学这几年的健康迅速发展可以总结和印证很多道理。学校因地制宜，整体建构学校，寻求校本课程特色发展为切入点，是最有价值的探索。

一、了解学校的最大实际

织染局小学建于 1958 年。截至 2010 年 7 月，在岗教师 33 名，在校生 121 人，其中 86% 为来京务工子弟。三年后的今天，在岗教师仍然是 33 名，在校学生发展到 266 名，其中 90% 为来京务工子弟，分别来自 28 个省市、9 个民族。

可以说，学生人数翻了一番，但学生来源主体没有大的变化。在城中心地带，来京务工子女占生源的90%，这是织染局小学最大的实际。

另外，在岗干部教师流动少，仅以学校领导班子（中心组）的7人为例，5人从未流动过，占70%多，没有流动过的老师比例更高。

以下是校长2010年1月和一位当时教龄19年的值班老师的对话纪实：

——值班呢？

——啊！您今天怎么过来了？

——顺便看看，和咱们老师聊聊，了解点情况。怎么样，咱这儿的学生好教吧？

——谁说的，咱这儿的学生差着呢，全是周边学校挑剩下的学生才来咱们这儿，一到夏天，班里的味儿可难闻了！

——为什么呢？

——咱们的学生家长几乎全都是扫厕所的、卖菜的，几乎全是外地的，条件可差了。孩子还成，算朴实，有的学生特意从家里拿来可乐瓶，从学校装水往家拿！

——你们班学生大都来自哪些省份？哪个省份比例高？有什么特殊的教育方法没有？

——这还真不清楚！这样的学生，弄得我们也没什么情绪。

——为什么不搞点研究呢？多好的研究对象啊！很多学校想研究还研究不上呢！

……

这里的干部和教师踏实、老实、认真的同时，急需打开视野和点燃教育激情。

二、在教育大背景下诊断

要想顺利发展学校，除了了解学校校情，还必须与时代结合，跟上和融入这发展的时代，才能准确找好自己的坐标系，走出一条适合自己的发展道路。

党和国家将教育定为民族振兴和社会进步的基石，大力促进教育公平，积极推动农民工子女平等接受教育，让每个孩子都能成为有用之才。在这个大好形势下，机遇和挑战同时摆在了我们的面前。织染局小学近几年的发展，恰恰印证了这个时代的特征。

首先，织染局小学的发展得益于国家教育均衡发展战略的提出。改革开放30多年中，国家提倡素质教育、优先发展教育，一批优秀的学校脱颖而出，东城区教育亦是如此。教育均衡发展战略更加关注建设好每一所学校，加大了投入。北京市率先提出了“小学规范化建设工程”，再一次为每所学校划定了新的起跑线。

其次，织染局小学的发展得益于北京市首批抗震加固。国家投入近1500万元的抗震加固工程胜利竣工，配合着规范化建设，学校全部建成多媒体教室，其中建有现代化安全应急体验教室等11个专用教室。硬件建设率先走在了全区前列，使落后的织染局小学面貌焕然一新。如果加以鲜明的文化建设，重构学校的愿望就有了极大的可能，稍加科学和整体设计，就有可能跑在区域教育的前面。

再次，伴随着教育均衡发展、同城同待遇、抗震加固和规范化建设，织染局小学的发展得益于新校长的到任。新校长长期从事教育教学科研管理，先后师从东城区三位老校长并成为得力助手，在整体建构学校、促进学校发展方面具有一定优势。可以说，新校长是带着一定的教育理想走进织染局小学的。

上述几股洪流汇聚在一起，使织染局小学腾飞有了客观基础。

通过诊断，我们自然发现：

织染局小学优势体现在：队伍稳定，师生关系融洽；规模较小，易于办精；班级规模小，适于管理，便于学生积极参与并有效获得知识；礼仪特色，倡导修睦向善；校址居城中心，拥有丰厚的、富有生命力的、多元的文化资源。

织染局小学劣势体现在：队伍保守，视野狭小，专业化水平不高；不同的教师在知识结构、思维方式、认知风格、智慧水平等诸多方面都存在差异；生源锐减，务工子弟比例极高；学生文化资本普遍匮乏；学校办学质量不高，学校文化缺失，社会声誉一般。

三、在高位平台整体建构学校

清晰的背景分析不是目的，在区域内结合校情，准确定位学校，谋求特色发展，彰显学校个性，在东城区“精品特色、校校精彩”发展战略中谋求一席之地，办一所有思想的学校，使学校获得长期健康稳定的发展动力，办“好”人民满意的学校，才是我们的目的。

有了这样的理性思考，织染局小学开始了扬帆起航。

既然要远行，就要解决举什么旗、走什么路、以什么样的精神状态、奔向哪里等问题。

结合生源特点和教师实际，学校创造性提出了“同在蓝天下，请学生享受知心教育”的办学理念。“同在蓝天下”，道出我们的生源特点，期盼得到同样的关怀，“请”字表达了教育工作者对学生的尊重，“享受”表达了我们知心教师的智慧付出与学生快乐学习融为一体的心境，“知心教育”表达了我们的追求。第一时间，学校请全体教师和校长一起思考内涵、撰写体会，目的在于初步形成共识，促进学校发生积极变化，在共同研讨中形成了我们自己的《知心教育宣言》，达到凝心

聚力的目的。

随后，我们启动了“知心教育”办学特色追求。我们剖析了素质教育，通过不断感悟、不断聚焦，大家深刻认识到，随着社会的急剧变化，面对多元社会、多元思想并存时代的到来，如何让教育起到它应起的作用，在坚守与创新协调发展中彰显教育工作者的“社会良知”，结合现代心理学的发展，在教育的全过程中体现“知心”必然成为素质教育诸多要素中的核心要素之一。抓住知心，从一定意义上说，我们就迈好了素质教育的第一步。为此，“知心教育”成为学校高擎的办学特色旗帜。

要想获得“知心教育”的定义和内涵，首先，要重温什么是教育。再追问一下什么叫知心，才能初步感悟到什么叫知心教育，才有可能探索怎样实施“知心教育”。

在中国，“教育”一词在《说文解字》中的解释是：“教，上所施，下所效也。”这里的“施”是施教；这里的“效”是效仿。“育，养子使作善也。”意思是，教育的目的是使人为善。在西方，教育一词源于拉丁文“educate”，本义为“引出”或“导出”，意思就是通过一定的手段把某种本来潜在于身体和心灵内部的东西引发出来。

广义的教育泛指一切有目的地影响人的身心发展的社会实践活动。狭义的教育主要指学校教育，即教育者根据一定的社会要求和受教育者的发展规律，有目的、有计划、有组织地对受教育者的身心施加影响，期望受教育者发生预期变化的活动。从现代教育的含义中不难看出，教育是影响，教育是改变。

什么是知心？汉朝李陵《答苏武书》中说：“人之相知，贵相知心。”宋朝王安石《明妃曲》之二中说：“汉恩自浅胡自深，人生乐在相知心。”《警世通言·俞伯牙摔琴谢知音》中说：“相识满天下，知心能几人？”知心，是彼此契合、腹心相照的意思。

我们认为“知心”至少有三层含义。

第一层含义是晓得、明了。作为对学生进行启蒙式教育的小学教育，明确知道学生的想法和需要是教育能够取得成功的第一步。从这层意义上来说，知心就是要了解学生之所需。

第二层含义是使知道。在了解了学生的需要之后，结合学生在这一阶段的成长特点，教师就要竭尽所能帮助学生发展进步。首先，教师必须“学高为师，身正是范”，基本功扎实且与时俱进，视野开阔，这样才能为人师。其次，教师自身素质高的前提下，能很好地付诸实践，很好地教授和影响学生。从这层意义上来说，知心就是让学生意识到自己求知的愿望并能够在教师的引导下实现这一愿望。

第三层含义是彼此了解。这是“知心教育”的最高阶段，也是“教学相长”的体现。学生以教师为榜样，教师发现学生的成长，互动中总结出更多的经验，同时发现问题不断改进。教师乐教，学生爱学，使校园成为孩子们最爱的乐园。

“知心教育”是织染局小学根据时代发展创造性提出来的，外界没有具体的定义。三年多的摸索，关于“知心教育”概念，干部、教师还没有形成一个同一答案，但大多从本质、内涵、核心要素、意义等角度加以思考，得出结论：

知心教育是尊重、是平等；是服务、是责任；是师生之间真情的关注。

知心教育是教育工作者在分析现状的基础上，根据学生内心所需和现代社会所需，着眼于学生素质和能力的培养而进行的教育活动。

知心教育是织染局小学结合生源特点和教师队伍实际提出的办学特色。

知心教育是充满爱心、满足学生发展需求、尊重个性、有教无类、为培养具有多元素质人才奠定基础的教育。

知心教育是以现代心理学为基础，师生在全部教育活动中，知己知彼，心心相印，相互影响，共同成长的教育。

知心教育是形成学校、教师、学生、家长的契合，从中对学生实施积极的影响，为师生搭建发展的平台，使师生从自然人逐步向社会人发展，是一种迈向人生幸福境界的引领，是引领受教育者从低层次的境界向高层次的境界转变的教育。

……

概念上的不断认识和深化，促使我们进一步思考知心教育的外在表现形式是什么、实现途径有哪些。我们先后从校训、文化环境的构建、队伍锻造和课程建设上加以系统思考和实践。

织染局小学的孩子们，关上家门就是极其简陋的居家环境，推开家门看到的是繁华世界。他们的父辈是勇闯京城实干兴邦的开拓者。心理落差不言而喻，我们未来建设者的心理能否健康成长成为时代的命题。我们认识到：有效的教育离不开选择。如果受教育者没有科学的选择能力，知识的获得是困难的，能力的发展是不可想象的，更不必说创造。

我们将面对教育需要选择、学生需要学会选择的问题。于是，对于学生自主选择能力的培养和指导便理所当然地应该成为学校教育的一个重要内容。选择，不仅是提高学生的选择意识、选择能力，还在于规范学校、教师的教学行为，让教学建立在学生自主选择的基础上，以凸显学生学习的主动性和创造性，生成高质量的学习效果和内蕴的素质内涵。

为此，学校一改传统的校训，鲜明地提出了符合时代要求的校训“学会选择，善行天下”。当前社会，瞬息万变，当我们的孩子面对五光十色的花花世界，面对人生的诱惑，如果欠缺判断、不会选择，后果是十分可怕的，甚至会出现反社会人格。这似乎是件不可思议的事情，但它又确实存在。而这种选择不是书本能够教会的。不去行动、不去经历、不去验证，对自己的特长、个性、技能、经历、气质、兴趣爱好、知识结构等一无所知，靠谁为自己指点迷津？通过反复摸索，我们总结出了“对不对、值不值、行不行”的思维与抉择路径。帮助我们的孩子在各种得失中找平衡，学会尊重劳动，不做不劳而获的白日梦。为此，校训成为全体学生长久的德育活动主题。我们广泛利用社会资源，将各行各业的社会志愿人员请进学校，用他们的志愿精神带动学生的志愿行动；利用成长增值卡进步足迹，积累自信心，对学生进行励志教育。让孩子们从织染局小学的六年成长经历中明白自己的基础，知道自己的兴趣，能拒绝急功近利的思想，踏踏实实学东西，认认真真做事情，点点滴滴去成长。将来即使面对人生的抉择，也能有清晰的思路。从这个意义上说，人生就是选择。成功的人生是以大大小小的创造性目标的选择为标志的光辉旅程，你选什么、追求什么，你的本质就是什么。不会选择就不会创新，不会选择就没有人类的进步和发展。而人的发展也是一种选择。可见，一个人如果缺乏选择能力，是不可能实现人生价值的。

“学会选择，善行天下”，是过去“知情意行”教育思想在现代教育中的体现和应用。重“知”。学习首先的过程是感知的过程，要多闻、多见、多问才能够知道、了解。这正是知心教育的内涵所在。养“情”。情感、兴趣是学习的直接动力，面对枯燥乏味的学习活动，假如学习者没有坚忍的意志，学习将很难坚持到底。孔子说：“知之者不如好之者；好之者不如乐之者。”培养孩子的兴趣，是知心教师的职责所在。坚“意”。所谓有志者志不移，无志者常立志，坚强的意志是学生学有所成的关键。这也是教师与学生在日常的教学互动中会经常遇到的问题，面对失败、挫折，教师的鼓励、帮助，引导学生树立坚定的意志，不轻言放弃。持“行”。

善于将所学知识应用于实践，解决实际问题才能学以致用。学生书读得再熟，知识掌握得再多，如果没有将之应用到实践之中，那是没有任何用途的。学生在求学过程中满怀热情地、坚持不懈地对待学习，多疑问，多开动脑筋。将来再将知识运用于实践解决实际问题，从而最终实现知行合一。

现在学生的在校生活就是要学会选择。选择正确的知识和学习方法，避免死读书、读死书；选择积极向上的兴趣爱好，避免误入歧途，沾染不良习气；选择坚定不移地克服困难的决心和意志，避免没有目标、常立志、结果一无所获。也就是"知情意"的教育。学会这种种的选择之后，才能以感恩之心回馈学校和社会，也就是达到学生"善行天下"的目的，最终实现"知情意行"的统一。

校训是一个学校办学特色和时代个性的完美结合。向学生指明在校期间应做什么、要把自己培养成怎样的人。同时它还表明学校的教育理念。

人民教育家陶行知曾说，熏染和督促两种力量比较起来，熏染更为重要。

在这样的认知前提和校训引领下，学校精心谋划，围绕校训，立体构建"善行文化"育人氛围。我们的校园以赏心悦目的舒适感、浪漫的风格节奏、对于学生自身兴趣的感染与诱发、无压迫性的自然景致，满足了学生自身兴趣的需要，成为学生乐于接近的东西。这就是尊重学生的个体生命，顺应了时代的发展与要求。

走进织染局小学大厅，以"善"为核心要素的主题墙时时昭示着文化方向；为配合"上善若水"这一最高境界追求，学校特意增加了不少水元素，让学校文化更加灵动。以楼层为单位，建设起"善待自己、善待他人、善待社会、善待自然"多角度多层面楼道文化长廊，并为此开设楼道德育课程。并呈现出序列化、活动化、实践化的特点：

序列指楼道德育课程有规划地根据德育目标和内容开展。从纵向看，所有德育课程是一个有机整体，在小学六年一直开设，从善待自己、善待他人到善待社会和自然，由浅及深，由近及远。德育活动具有层次性，循序渐进，形成序列；从横向看，运用楼道课程、学科整合、德育渗透等多种途径和方法开展德育活动，能使之相互联系，相互促进，发挥整体德育功能。

活动化，是通过丰富多彩的活动作为德育课程的载体，创新形式，加强研究，从德育自身规律的角度来加强德育。通过一系列走出教室的楼道德育课程，孩子们在水族箱边讲自然，在草坪上认识植物，在塑胶跑道上感受新颖建筑材料……通过这样生动直观的教育，孩子们怎么会不爱护校园里的一草一木、不把学校当做自己的家？

实践化，是鼓励学生投身社会，走进社区、博物馆、消防队……把社会各界人士请进学校。走出去、请进来，通过和不同人的沟通交流实践德育思想，完善人格，全面发展。让我们的孩子感受“有氧”生活。

知心教育的内涵是以人为本，不仅要推动学生的自我发展，也要使教师发展得更加顺利，反过来，教师的进步使知心教育的研究和实践不断深入，这是相辅相成的。知心教育的关键问题是提高教师素质。一位教育家曾说过：“要把学生造就成什么人，自己就应当是什么人。”学校拥有一支师德优秀、业务精湛的高素质教职工队伍，才能使学生爱戴、家长满意、社会肯定，才能办人民满意的教育。因此，加强教职工队伍建设是办知心教育的一项重要内容。

我们着重在队伍建设上发力，坚持“知心教师智慧育人”“内练素质外练气质”系列培训，促进教师专业化发展水平的提升和职业幸福感的获得，促使老师完成从“旧我”到“新我”“痛并快乐”式的转变。一直以来，我们始终思考着：在追求知心教育的道路上，什么是知心？怎样做学生们的知心教师？答案是——全心全意地为学生服务。来自为人师表的学识、风格和魅力；来自非凡的人生底蕴和修养；来自教师独具个性化的创造过程；来自教师使命执著的奉献。我们的教师队伍不仅拥有学识渊博、德才兼备、飘逸洒脱、温文尔雅的气质，而且具备睿智的头脑、聪慧的双眼、灵敏的耳朵、去倾听学生的心声。这样的知心教师，一定会培养我们的学生具备优秀品质：自信、热情、有韧性、有责任、勇敢、乐观、懂分享、崇尚运动、女孩子优雅、男孩子大度。

下面的案例集中反映了学校案例式培训以及教师个人在知心教育特色追求中的巨大变化。这位老师既是学校的书法老师，又是学校的卫生老师，任务繁重。这从一个侧面反映出了小规模学校教师的工作特点。她撰写的案例题目是《我懂得了什么叫“及时”》。

2011 年 3 月 30 日周三上午 11 点 10 分，孙有明主任到卫生室找到我。我正在询问一名六年级学生的病情，处理完这名学生后，孙主任告诉我，和一小（该校一年级因抗震加固在我校借址上课）一年级五班一名学生患了猩红热。听到后我和孙主任马上商量做教室的消毒工作。我们决定午饭后对一至六年级的教室进行消毒，特别是门把手、学生课桌椅、小柜子门等公共区域。放学后对五、六年级教室进行紫外线灯消毒。随后我就去三年级上课了。

12 点，我按往常一样和大家集中在科学教室吃饭，孙主任也在场。王校长外出听完报告回来也在此就餐，就餐将结束的时候，孙主任告诉王校长和一小出现的情况。周一孩子没来。周三上午因要缴费孩子家长来学校告诉班主任，家长告诉学校说医院说有他们的上报系统。周五晚上，彭葳校长打电话给王校长得知，医院确实告知了保健所或疾控中心，而他们没有及时和校方取得联系。事情就是这样一环一环耽误的。当听说决定饭后消毒时，王校长一边说着孙主任，眼光一边看着我。看得出来，校长生气了："都什么时候了，还指着班主任去消毒？现在你带着小韩就去消毒，亲自去！"我紧张得放下碗筷，走了出去。12点25分开始，我和孙主任走进班里逐一消毒，从三楼到一楼对所有班级进行了消毒。从听到消息到进行消毒，间隔1小时10分钟。

晚上7点35分，王校长先是发来短信，而后是电话联系，我主动又打给了王校长。应该说，校长的思考还在继续。校长慰问了辛苦，接着讲道："我今天没有批评你的意思，就是要懂得什么叫及时，当你得知出现传染病的时候，就要立即行动，虽然孙主任和你进行了商议，但你是医生，你应该有职业感觉，不能听从孙主任的，孙主任的安排没有问题，但你是校医，你应该知道事情的危险性。应该立即安排别人给你代课，也可以请求孙主任安排，甚至可以驳回孙主任的安排，这时候面子不重要。重要的是立即行动。如果上级追究下来，我们的安排是听到有传染病接着去上课了、接着吃饭了、饭后再消毒。这就贻误了第一时间，要懂得什么是紧急而重要的事情！你把今天的事情写一个反思，就是要记住什么是紧急而重要的事情，懂得什么叫及时。"

这件事情发生后，在王校长指导工作后，我静下心来思考自己的工作，我更加认识到"细致"的重要性。反思四点。反思一：预防校园传染病事件是学校卫生工作的重中之重，出现了传染病事件要在第一时间进行处理。只有及时采取措施才能起到防范作用，才能有效地阻断传染病的流行与传播，刻不容缓，要有职业第一感觉。反思二：在这件事情上，孙主任及时通知了我，但我当时没有向孙主任进行详细询问，也没有告诉孙主任要立刻进行消毒处理，而是决定午饭后再进行消毒，只是提出要赶紧告诉校长这件事情，孙主任说他向校长汇报后我就去上课了。对“及时”理解不到位，及时和有序是一切事情顺利开展的核心要素。反思三：学校发生传染病事件，这是第一要解决的事情。其他的事情都要放一放。就这件事情而言，我当时应该请班主任或其他老师先帮我上课，找到和一小的校医把事情了解清楚，然后向校长汇报情况。与孙主任马上商量，立刻进班先对三楼的教室进行消毒液擦拭工作，要懂得什么是“紧急而重要”的事。反思四：学会及时补救、完善工作、及时学习很重要。4 月 2 日一早，当校长问我猩红热典型症状时，我说出了一二，但关键的“三”没能说出来，让外行的校长说出来了。那是因为校长第一时间获得这个名词，立刻到网上查资料、查图片、查视频。及时补救也是一种学习方式，在特殊情况下可能记忆更深刻。

这个案例使我们认识到：教师具备优秀的职业素养、宽广厚实的业务知识和终身学习的自觉性，是追求知心教育特色的重要根基。

一系列的培训让教师们眼光更远、心界更宽。学生无论来自北京还是外省市，无论来自乡村还是城市，他们都是蓝天下绽放的花朵，他们都有享受教育和被爱被尊重的权利。老师们的行为也渐渐变化着，他们对学生更宽容、更关爱、更尊重了。

下面是班主任老师在总结使用学生“成长增值卡”时撰写的小故事，题目是《我当上了美术课代表》。

星期六中午，我的电话铃响起。电话显示是刘锦阳妈妈，“这小子又跟他妈妈发什么脾气了？”我心里直打鼓，在这之前他妈妈隔三差五就给我打电话，请我帮助她，因为他儿子在家经常不听妈妈的管教，顶嘴、任性。妈妈如果不满足他的要求，他就不学习、不写作业、坐着发呆，我对他也很头疼。

我怀着一颗忐忑的心接起了电话，电话里传来了锦阳妈妈激动的声音：“王老师，今天锦阳可高兴了，他说他当上了美术课代表，”他妈妈又说了一些感谢的话和他在家的表现。放下电话后，我想起了班会课上他认真填写增值卡时的样子，他在增值卡写到：“这个月我真累，我在每节美术课上都很努力，今天终于当上了课代表，以后每节美术课前我都可以站在门前监督学生们在报纸上跺 10 下脚后再进教室了。”

小小的一张卡片、短短的几句话，不仅记录着学生的努力和快乐，也让我明白要给每个孩子提供幸福成长的机会，至少每个孩子都有一颗小小的“责任心”，愿意为大家服务，只是需要激发和引导。他们真是让我懂得了“给点阳光就灿烂”这句话。孩子的快乐就这么简单，孩子的心灵就这么纯洁，刘锦阳同学今后一定还会出现很多问题，但我愿在他的小小增值卡片上更多地记录下他幸福成长的足迹。

现在，知心校园里到处呈现的都是如此和谐的画面。

实践出真知。在知心教育引领下，学校先后诞生了“教师成为乐学善教的知心人、学生成为善言善行的健康人”育人目标；通过督学室及专家的帮扶，明确了学校必须长期坚持的办学目标——学生幸福成长、教师幸福育人知心型双幸福学校；通过艰苦实践，在思考“十二五”学校发展规划时，顺利生成了“努力成为东城区教育优质均衡发展的优秀学校”的发展主题和学校发展九大支柱，总结出“用心、坚持、真诚、有为”的学校精神。

这一切，都为织染局小学的发展注入了强大的精神动力。

我们学校虽小，但是我们探索办真教育的心却很大。“崇尚知心教育、奉

献教育智慧，让人生与幸福同行”的共同价值追求正在逐步形成。

四、善行文化助推知心教育特色

为了培养学生的情感、价值观、责任心等优良品质，树立人生目标，提升学生的综合素质，让他们能更健康、更快乐、更幸福地成长，使善行文化得以生存、展现活力。

知心教育呼唤学校必须“做走进学生心里的德育”，楼道德育课程的顺利实施，使大家逐步认识到校园文化与课程的关系。校长顺势提出“校园文化建设要有用”的理念，请大家挖掘校园景观的存在意义，能否让学生与校园文化亲密接触，让文化建设全心全意为我们的学生服务，不形同虚设，进而从校园文化发展到学校文化，并实现学校文化的核心表现形式——特色课程文化。

学校操场设置的专供孩子们休憩的漂亮的长凳，课铃用轻松悦耳的音乐取代，小憩一会儿的舒适能够消除孩子的疲劳感，孩子们在钢琴角信手闲弹，阅读长廊里孩子们放松心境，自由选择阅览的内容……虽然事情很小，但体现了学校代表的一种“善”的关怀。学校还为孩子们设置了心理小屋，还开设了知心广播和信箱，师生间有了多渠道的“善”的交流与沟通。

学校是学生接受教育的场所，校园文化建设承载着学校的教育思想。秉承“校园文化建设要有用”的理念，学校门厅主题墙的设计、各个楼层善待自己、善待他人、善待社会和自然的生动画面为学生很好的诠释着校训的内涵。善行文化的建设让校训不再是流于形式的口号，而是有着丰富内容的主题教育。它引导学生正确地选择，真诚的善待。礼仪长廊、知心长廊、阅读长廊、文化柱、文化石等校园景观让知心教育也有了实施的场所，它满足着学生不同的发展需求。

下面是品德老师开学第一天在学校善行文化柱前与同学们的交流场景：

“同学们，在咱们美丽的校园里。我们一起认识了校园中的文化墙、礼仪长廊、知心长廊，我们眼前又来到了哪里？”

“善行文化柱。”孩子们齐刷刷答道。

“今天，我们就走出教室，在这里上一节品德课，高兴不高兴？”

“高兴！”

“老师先请大家从文化柱上寻找自己熟悉、喜欢的词语，你们找找看。”

“老师，我找到了‘善良’这个词”“老师，我找到了‘善举’这个词。”……孩子们寻找着、发现着。

“那谁能结合自己的生活经验解释一下这个词，或者用这个词造个句子呢？”

“李老师，我喜欢‘善良’这个词。妈妈从小教育我要做个善良的人。”龚浩然同学认真地回答着老师的问题，“我觉得善良的人就是心地好的人，就是能主动关心爱护别人的人，是与人为善的人。”

“那你是按照这个标准做的吗？”

“我平时与同学非常和气，同学有困难我会主动帮助，我觉得我还行！”

“你真棒！看，善言善行其实就在我们身边。每个人都有机会说善言，做善行，成为一个善良的人。”

……

织染局小学的孩子们一开学，惊奇地发现学校教学楼原来的普通门柱变漂亮了，上面镶嵌了不同字体的带“善”字的词语。更没想到的是，他们将在这里与这些词语“亲密接触”。

“这是我们学校新建的善行文化柱，它的建成标志着学校善行文化建设进一步完善！校园博物馆中，孩子们又多了一处与文化对话的地方。我始终认为，学校文化建设不能是摆设，要充分发挥它的育人作用，达到和谐育人的最高境界。而作用的充分发挥必须与课程紧紧结合起来，从学生的现状、特征、需要出发，才能使我们的孩子更具区域特色，为孩子终生发展奠基……”织染局小学校长与随访记者娓娓道来。

“您能结合善行文化柱具体谈谈吗？”

“刚才您看到的是品德老师在这里现场上品德课，我们的书法老师要到这里讲书法，数学老师要到这里讲估算，美术老师在这里带领学生写生，甚至科学老师要在这里给孩子们讲钢与铁的区别。一句话，我们请老师和学生一起，在善行文化建设中寻找育人点，进行整体构建，走进课程，因为课程文化是学校文化建设的核心表现形式……您看！”，顺着校长手指的方向，我们看到了镌刻着“知心”“善行”字样的文化石，看到了设计独特的“知心长廊”“礼仪长廊”。

“我们的教学楼里，结合不同年级，从善待自己、善待他人、善待社会和自然进行立体建构，孩子们每个月要在楼道里上一节课，结合相关提示，师生互动完成。”王校长边走边说。“学校还有两处是学校善行文化建设可圈可点的地方。一个是心理咨询室，一个是安全应急体验教室。”

宽敞的心理咨询室非常吸引人的眼球。“我们的大队辅导员每周在这里配合着教育教学和自己发现的问题，及时对学生进行心理辅导，这里的按摩椅是我特意添置的，老师们按照课表空余时间到这里来按摩。我就想让老师们在紧张的工作之余来这里放松，寻求点儿幸福。我觉得，老师们幸福了、身心愉悦了，孩子们就有了幸福的可能，因为老师的情绪无时无刻不在影响着学生。教师的幸福感很重要。”

学校德育主任在看六年级学生的“成长增值卡”中发现，一名女生几乎大部分内容都记录的是帮助他人的事，有帮助同学的、有帮助邻居的、有帮助老人过马路的、有帮街坊老人取奶的。什么原因让这个孩子能坚持这样做？他很想知道。课下，德育主任找到了这个孩子，下面记录的是他和这名学生的对话。

“我看了你填写的增值卡，非常好。但我想知道为什么写了那么多帮助他人的事呢？”

孩子看着我，很自然地说：“这些是我高兴的事啊！”

我觉得自己这个问题问得太傻了，增值卡中当然是记自己高兴的事啦。“为什么你觉得帮助别人是一件很高兴的事情呢？”

“因为在一次我扶着一个老奶奶过马路后，老奶奶非常高兴，夸我很懂事，是个好孩子，妈妈也表扬了我。这件事给我的印象很深，受表扬的心情特别好，所以，我喜欢帮助别人做事情。”

“那你把自己这样做的事情告诉给其他同学吗？”

“没有过，我把事情记录下来，自己看到自己做过的高兴事不就成了。”孩子显然没有明白我想说的意思。

“当然”，我说“如果你能和你要好的伙伴一同来做，是不是会有更多的同学和你一样得到快乐呢？你觉得这样好吗？”

“好！”

朴素的善举就在孩子们中间！采访过后，一句歌词总也挥之不去，“一句话，一辈子，一生情……”

教师和学生的言行告诉我们，知心教育办学特色是学校“善行文化”的外在表现，学校“善行文化”是学校知心教育的内在实质。具有特色的校本课程体系和善行文化是知心教育的两大支柱，他们从不同层面回答着知心教育的精髓。

五、让课程结构出学校特色

我们不断探索适合儿童的教育，学校整体文化建构的核心表现形式应该在特色课程上，因为特色课程是学校文化的核心表现形式，走进课程的文化对学生的影响更持久、更稳固。同样，让课程走进学生心里，积极影响孩子的一生。

满足学生发展需求、为培养具有多元素质人才奠定基础，是知心教育的重要因素。知心教育特色要靠有效的实施手段。

在三级课程整体推进的同时，结合生源实际，结合教师队伍专业化发展水平，在充分调研和论证的基础上，结合专家的意见，确立了“资源综合利用”校本课程建设理念。努力构建特色校本课程体系，让学生的学习生动起来，为学生的健康成长铺路，要让课程文化积极影响孩子的未来，为他们的发展奠定生命的底色。

在知心课程体系中，我们更加注重体现知心教育特色，从教学内容到方法和组织形式方面，都要给学生留有选择的余地，让学生能够根据自己的兴趣、爱好、特长，在学习内容上有所偏重，在学习方法上有自己的特点。伴随着轻松民主的学习情境，学生对学习有了一种定向，有了一种学习的责任感和愉悦感，为以后的学习奠定了基础。我们紧密地将课程与善行文化结合，在课程中感受到如何善待自己，关注自己的内心，让生命丰富。善待他人的美德、修养与情怀。善待社会有爱心、懂感恩、知回报。善待自然不妄为。同时，在课程建设的全过程中实现学校、教师、学生共同成长的愿望。在特色建设全过程中整体提升学校办学质量。

（一）目标

在向前向后、向上向下、向左向右学习思考的同时，主要看自己，围绕学校、教师、学生发展现状，本着“校不在大，做精则名”的心理，找到适合自己生存发展的活法，为学校的发展注入活力和动力。

在校本课程开发与实施的全过程中，以学校办学理念为指导，以知心教育特色为主攻方向，考虑学生的多元需求，提供优质的课程与教学资源，开展知心教育，注重全面提高学生素质，从而发展学生的兴趣和特长，拓宽学生知识面，培养学生的合作精神、创新精神和实践能力。以“关注学生现实需要，为学生未来人生铺路”为重点，让师生在特色校本课程建设中共同成长，坚定地走内涵式发展道路。

在校本课程中树立选择教育新观念，明确学生的教育选择权。我们深刻领会到选择教育的含义和实质，认识到在以“选择”为标志的社会主义市场经济蓬勃发展的时代，给受教育

者多一点选择和重新开始的机会，让他们早一点尝试选择，接受选择实践的锻炼，不仅能帮助他们树立正确的选择意识，提高选择能力，而且对他们身心的健康成长和今后发展也大有裨益。于是，我们努力形成一个满足学生个性需要的丰富而动态的“课程超市”。当我们的孩子走出校园后，留在他们记忆中最深刻甚至影响终身的就是织染局小学的课程文化。

（二）实践

实践中我们的基本思考是：一定要宏观把握、中观构建、微观管理三结合。

宏观把握：以《基础教育课程改革纲要（试行）》、《教育部学校课程管理指南》和《义务教育课程设置实验方案》为指导，将学校实际与拿来主义结合，在北京市特别是东城区已有的丰富的课程改革经验基础上进行整合，凸显学校办学特色追求，更好地服务于我校的学生发展。

中观构建：操作过程中学校认为，在宏观与微观之间必须紧紧抓住“中观”这个往往被人忽略的“夹层”，才能实现更好的课程建设理想。

学校倡导知心教育，实现教育的“浸润”效果，必须为学生的个性发展服务，让每一名学生身上打下时代发展的烙印，充分实现课程的基础性、前瞻性。

我们的学生居家条件不尽理想，但又生活在现代都市，完全有可能提供国际视野的课程。学校积极想办法，寻找可以看见的资源，借助外界力量，如“国际青年成就”（简称 JA）等公益性组织，开发《外教口语》《我们的城市》《我们的世界》等课程；利用学区资源，走进帽儿课程活动中心，设立《Apple Tree》《版画》《动手 DIY 和机电入门》《布艺》《“小小智多星”智力开发》等课程。这些都是校内师资难以实施但对于来京务工子弟打开眼界、丰富知识、提高学习兴趣十分有益的课程。

在老师们普遍认为来京务工人员在教育学生方面不够“给力”的认识下，校长带领干部、教师换位思考，用赏识的眼光走近家长，思考 90% 来京务工家长是不是资源。实际上，我们在探寻未发现的资源：我们的家长敢于来北京，靠自己的

辛勤劳动服务社区就是本事。同时，他们从小务农，具备我们包括他们的子女都不具备的农业常识。学校把来京务工人员当成课程开发与实施的重要的资源。这一资源的获得得益于观念的转变。

“校园文化建设要有用”是我提出来的朴素要求。如何让文化建设与学生进行零距离接触？只有走进课程。为此，我们请老师游走校园，寻找育人点，诞生了楼道德育、校园景点学科联动等课程。学校文化建设同样成为校本课程建设的新资源。

我们深刻认识到，知心课程体系是凸显知心教育特色的载体，通过完善知心课程体系可以不断充实知心教育的内容（见下表）。

织染局小学知心校本课程体系

<table>
<tr><td>家长资源课程</td><td colspan="2">《农识课》等。</td></tr>
<tr><td>志愿资源课程</td><td colspan="2">《外教口语》《我们的城市》《我们的世界》等。</td></tr>
<tr><td>校外资源课程</td><td colspan="2">《Apple Tree》《版画》《动手 DIY 和机电入门》《布艺》《“小小智多星”智力开发》《无土栽培》《珠艺》《园艺》等。</td></tr>
<tr><td rowspan="2">教师资源课程</td><td>以兴趣小组为依托</td><td>《礼仪道德》《墙上德育》《古诗文口语》《儿童画创作》《低碳节能环保》《少儿书法》《数码摄影》《趣味英语棋》《韵律课程》《乒乓球》《十字绣》《穿珠能手》《小记者》等。</td></tr>
<tr><td>以班级体育特色为依托</td><td>《韵律操》《搏击操》《跳绳》《空竹》《轮滑》《小篮球》等。</td></tr>
<tr><td>景观资源课程</td><td>以校园文化建设为依托</td><td>《善待自己》《善待他人》《善待社会》《善待自然》楼道德育课校园景点《文化石》《主题墙》《知心长廊》《礼仪长廊》等学科联动课。阅读长廊《自由阅读》课。</td></tr>
</table>

微观管理：课程体系建立后对课程实施和管理提出了新挑战，通过通盘谋划，我们实现了走班制、走校走班制，实现了社会志愿者走进课堂。形成一个满足学生个性需要的、丰富而动态的“课程超市”。

以农识课开设为例，学校首先面向全体学生家长发放了问卷调查，全面了解家长在农识方面的长项；接着，学校进行归纳、提取、分类，确立粮食、水果、蔬菜、其他四类，分别筛选家长作为农识课家长志愿者助教全面配合，学生根据内容自主选课，给了学生充分自我选择的空间；课程结束后，进行农识课家长志愿者和助教的期末座谈。

作为知心教师我们深切地感受到，农识课家长志愿者带给学生轻松快乐的课堂氛围、学生发自内心求知的欲望、家长真切的关注和及时解决学生的问题等。引发老师们向家长志愿者去学习和思考：在教学中要灵活运用多媒体、形象、案例、互动式、体验式、现场等多种教学方法，来达到以学生为中心，教师起组织者、指导者、帮助者和促进者的作用，利用情境、协作、会话等学习环境要素充分发挥学生的主动性、积极性和首创精神，最终达到使学生有效地实现所学知识的意义建构。这样，知心教师才能彻底地、真诚地为学生服务。

一个学期中，会有15位家长志愿者凭借生活经验为孩子们讲授农作物的栽培与养育，将知识与健身、健康结合，适当延伸。

“学生语丝”中有同学这样记录道：“通过这节课，我知道了花生是怎样种的，多长时间开出花，花有什么颜色，怎样除虫，大约什么时候收。我知道了种粮食有多么辛苦，我以后不会浪费粮食了。”

学生在课堂中不仅获得知识，也体验到学习形式多样化带给他们学习的乐趣，激发了学生学会主动地迁移和运用探索新知的欲望，从而体验到人存在的作用和意义，逐渐形成自我发展的主动性、积极性，充分挖掘自己发展的潜力。学生学会了选择，学会了正确认识和评价自己，学会了从个体需要出发主动适应社会、建立自我意识、形成独立的人格，进而学会创造、学会自我发展。

（三）展示

在东城区“品牌特色”教育战略实施中，织染局小学高擎“知心教育”特色旗帜；学校不言“小”，立志办一所有思想的“大”学校。学校以“资源综合利用”为理念课程超市”式的知心校本课程体系建设，获得东城区基础教育课程建设优秀成果一等奖、北京市基础教育课程建设优秀成果三等奖。

情景 1：让专家把脉知心校本课程

2011 年 6 月 1 日，“走进课程超市，享受知心幸福”校本课程展示活动。“老师，我想听农识课！”“老师，我想参加机电入门！”孩子们在积极争取参与自己喜欢的课程。学校精心设计出“课程超市”，请孩子们结合兴趣爱好走进自己喜欢的课堂，在“课程超市”中自主选择、愉快学习、快乐成长。可以说，孩子们在这一天过了一个不一样的节日。

北京市课程中心专家李群、史家分校首任校长北京市特级教师项红、东城区研修中心副主任小学教研室主任特级教师戈海宁、东城区教委小教科副科长李芳，对课程的架构和实施给予了充分肯定，认为学校结合自身实际、吸纳现有研究成果、在规模较小学校里实践着高质量的课程。

《中国教育报》《现代教育报》《北京青年报》《北京晚报》等多家主流媒体对学校知心校本课程进行了报道，助推了学校的社会声誉，提升了学校的办学质量。

情景 2：让学生在“课程超市”中行走

“铃铃铃”，伴随着上课铃声的响起，学生们翘首企盼的农识课开始了。五年级教室中的 30 名学生来自不同的年级。他们一个个睁大了眼睛，齐刷刷地向教室的前门望着，好像在等待一位神奇的人物。不一会儿，只见一位衣着朴素的“女老师”拿着一沓厚厚的纸走进了教室。有个学生一下子就认出了她！“啊！那不是四年级余龙雨的妈妈吗？”“她来干什么？她不是按摩师吗？”……学生们嘈杂的议论声丝毫没有影响到这位农识课老师，她操着一口流利的“川普”开始讲课了。“同学们，你们一定都吃过茄子吧？”

学生们异口同声地答道：“吃过！”

“看来大家都不咋挑食，都吃过茄子！”（学生们笑）“茄子是我们餐桌上十分常见的蔬菜。可是，茄子的品种和营养价值有哪些你们就不晓得了吧？”老师放下手中的教案，语重心长地说：“女孩子们，等你们长大了更要多吃些，因为它可以抗衰老，让你们永远漂亮。”女同学们笑起来，老师也跟着笑出了声……

“我们将立体建构农识课，将农识与营养健康结合，并开辟农识园，让孩子们亲自动手栽培，在孩子们心中埋下希望的种子。”王校长自信地讲道。

情景3：让学生与志愿精神紧密接触

这里呈现的是一位志愿者——南通四建北京分公司刘宏伟的来信节选。

今天作为JA的志愿者去东城区的织染局小学探访，为接下来一个学期的《我们的城市》的课程开展提前熟悉环境，做好必要的教学准备。

在上海的时候，我所在的久牵志愿者服务社组织了一个叫“放牛班的孩子”的合唱团，他们全部成员都是农民工子女，由于工作原因我和同事会去浦东一些民工子弟学校，几乎我去过的所有学校都给了我一些类似的印象：粗糙的水泥地面，低矮的教室，破旧的课桌，斑驳的墙壁；活泼的低年级学生，但是衣服似乎不太整洁……我们一度对这种恶劣的教育环境感到极其难过和爱莫能助。去过织染局小学之后，我被震撼了。学校大楼干净而又充满着爱的气息，在重要地方都贴着温馨的小提示，一楼大厅摆着漂亮的鱼缸，里面的小金鱼轻松而自在，让人顿时觉得置身于教学楼就能愉悦着生命的活力……更重要的是，我们的行为和共同努力不仅提高了孩子们的教育质量，更是在建造着美好的未来北京，因为北京的新市民在这里，北京的无限未来也在这里……

（四）绩效

在“资源综合利用”理念下的“课程超市”式知心校本课程体系的构建、

实践过程中，知心教育特色凸显；教师专业发展和职业幸福感明显提升；学生善言善行，良好的养成习惯凸显。

在实践过程中，知心教育体现出点、线、面的立体推进态势。

1．教师的思想认识和精神气质高位提升

以农识课的开展为例。班主任作为助教，在实际课程开展过程中收集、整理资料的过程开阔了眼界，丰富了自身的知识领域，拉近了和家长的距离，教师教学观与教学方法得到借鉴。

教师由最初的维持纪律的实施者转成部分的参与者和管理者，责任感、使命感显著增强。有的老师认为：如果我担任助教的农识课出现冷场就是助教的失败。这无形的力量推动了教师从更多方面学习和汲取专业学科以外的知识。课程建设提高了我们教师的知识面，使其自身内在气质得到提升：视野开阔、思维活跃、充满自信。

在学生走班过程中，助教摸索着对不同年级学生进行分层管理，交流语言进一步丰富更符合孩子年龄特点。在家长志愿者授课过程中，家长对学生的包容和开放的课堂，督促教师换个视角审视自己的课堂和学生，课堂氛围更融洽。目的只有一个——更好地为学生服务。

教师从“学科视野”扩展到“课程视野”，从“学科知识”扩展到“学科文化”，从备“一节课”扩展到备“一门课程”。

2．学生的思维品质和个性品质深入提升

志愿者资源在校外资源课程建设上丰富了学生课内知识，充分体现了“学会选择”的观念，给学生充分自我选择的自由。

学生在校本课程学习过程中感受无拘无束的快乐，提高了选择能力。教师们纷纷表示：学生思维开阔了，乐于表达，学习兴趣浓厚。走班时小组长的引领，提高了学生的自我管理能力，集体荣誉感提升。在走班过程中，不同年级的学生有了积极的、潜移默化的正影响，如学着记笔记、用图画记笔记、写一句话等。家长成为农识课志愿者的同学尤其显示出自信，受到身边同学的尊敬。比如，岑同学的家长来讲农识课之后，他从之前的字迹潦草、不爱写作业到字迹工整、认真写作业，老师和家长都惊讶于他的变化。要知道，他的家长仅来讲了一次农识课。在农识课发现的新事物，学生愿意主动到阅读长廊找寻书籍继续探究，内驱力显著增强，进一步促进了家校协同。

在和学生的交流中，孩子们纷纷表达了自己的收获：学校的校本课程都很有趣，不乏味，在资源中心的课程还能找到自己的作品，非常高兴。

有的学生谈道："我的爸爸就是志愿者，我特自豪，特高兴。爸爸用心地讲课，我要好好地学习。爸爸每次来讲课，我都很开心。每次课后，同学都夸：'美琪，你爸爸的课讲得真好。'我很开心，回答老师问题都积极了。"

3．干部的管理品质和有效运作能力整体提升

从初期的运作到目前的秩序井然，学校课程管理的整体调控力提升了。课程实践实现了全盘谋划、整体统筹、实现了及时发现问题、及时解决问题。做到了：讲之前，内容定落实；讲之中，行政定进班；讲之后，教师定回访以及主管巡课制。

（五）思考

2012年6月19日，学校又照例就"走校走班制"对四年级和五年级的57名学生进行了问卷调查。

针对"你期待到课程中心去学习吗？"这一问题，答"每周都特期待"的占98%；答"一般的"占2%。原因分析如下图。

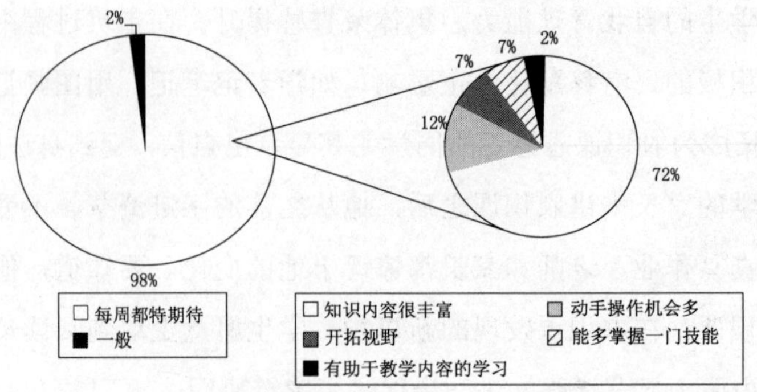

针对“你认为学校和课程中心安排的课程还好吗？比如每学期去几次合适、现在每学期5—6次行吗、你有什么建议？这一问题，学生给出了真实的回答（见下图）。

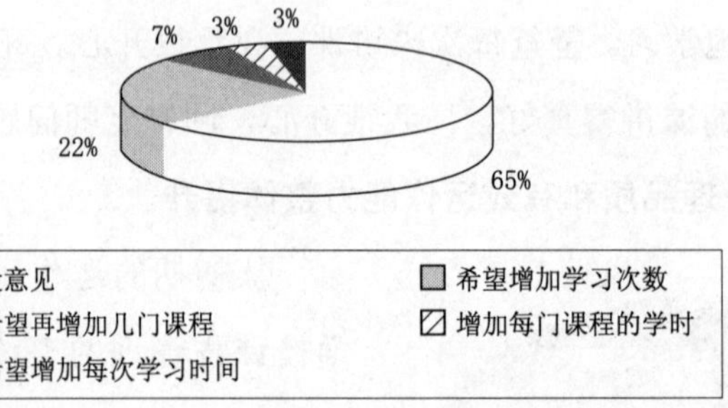

学生的回答给课程建设的进一步发展以巨大的动力。学校健康发展最终受益的是学生。在全面建设学校的进程中，确立了符合时代要求的办学理念以及知心教育特色追求，特别是在校本课程建设上——无论是形式还是内容上，力图有所突破和作为。在成绩和效果得以显现的同时，学校干部、教师又一次回到了对本源问题的思考上来。

校本课程建设的最根本目的是什么，还要加以清晰的认识，从而源源不断地丰实课程建设，为学生成长搭建更好的平台、想象空间，成长空间还很大。

进一步构想和推进课程建设。（1）丰厚现有课程本身。以农识课建设为突破口，进行立体构建。未来的农识课将知识与健身、健康结合，开设劳动层面的课程，使学生终身受益。（2）形成“图书馆”里的学校，真正实现以课程为依托的“宜学知心乐园”。

成就教师。让部分老师在专业化发展的基础上实现一专多能，向综合型教师迈进。在规范化建设过程中，在校本课程建设中，搭建更合适的平台，涵养教师，锤炼教师，成就教师。实现学校、教师、学生、家长、社会的立体多赢。

六、学校特色发展的基本结论与展望

织染局小学乘着教育改革的东风不断前进，整体办学风貌、办学特色、办学质量和社会声誉发生了积极变化，其基本经验是：（1）学校发展必须顺应国家改革发展形势。（2）结合区域发展情况，准确把握学校最大校情，一切从实际出发。（3）从办学理念、办学特色出发，解决举什么旗、走什么道路、以什么样的精神状态、奔向哪里等问题，不断整体建构学校。（4）在发展过程中不断注入精神动力，以期形成共同价值追求，实现学校、教师、学生的共同健康成长。（5）在整体推进学校工作的同时不断聚焦，从文化层面思考学校特色，从课程建设角度稳固呈现学校办学特色。（6）尊重教育基本规律，把握好教育中“坚守与创新”的关系，科学推进学校特色发展。

展望未来，我们还应在以下几点继续探索、努力：（1）关于“知心教育”的科学表述。通过艰苦而长期的实践，不断逼近“知心教育”的科学界定，实现学校发展从激情朦胧期到科学理性期的根本转折。（2）准确把握知心教育、学校校训、善行文化、课程建设之间的内在联系和辩证关系，处理好教育中的各种现象和微妙关系，比如，在善言善行引领中一定把握好“度”，防止“伪善”的乘机而入。（3）进一步加大教师培训力度，使教师教育观念和专业化发展水平不断适应时代要求，制定和丰富织染局小学“知心教师”标准、知心宝贝标准，直至构建起“知心教育立体教育模型”，为社会主义初级阶段教育体系的建构作出应有的贡献，在知心教育实践中诞生我们自己的教育家。（4）在不断完善学校善行文化建设的过程中，根据变化的形势，不断充实和调整校本课程体系，并进行适度辐射，形成共有资源，融入学区，进一步彰显学校“知心教育”办学特色。

秉承蓝天工程理念 提升教师职业能力

校长　王凤岭

各位同仁，大家上午好！

感谢教委和研修中心的领导，在期末紧张之余给我这样一个与大家分享交流的机会！

其实，各式各样的教师培训是我们每所学校正在做的事情。

教师蓝天工程理念的提出，可能从根本上改变教师培训的价值——它更关注教师职业生命的意义。

蓝天工程的基本理念是“以服务学生、惠及学生、促进学生全面发展和创新精神、实践能力的培养为根本出发点”。我们觉得这一理念不单指学生这一方面，因为蓝天工程的质量从根本上说取决于校长、取决于干部、更取决于辛苦的教师。

想到“蓝天工程”我们自然想到，今天的教师能顺应蓝天工程的需要吗？老师们如何从应对工作转而去感悟和思考教育的真谛、教育的本源，因为，要想把事情干好，必须不断思考本源问题，才能找到干事业的源动力。也只有在日常工作中不断追问教育的本源问题，才能够真正地懂我们自己在做什么、该做什么。

今天的老师做得真的很累。传统意义上的传道、授业、解惑招架乏术，时代对人才的需求还要在这三点上不断赋予有价值的、不断变化着的内涵。

想干事，能干事，干成事，只有这样想，我们的累才变得有意义。

今天的教师不仅要思考专业，还要具备跨业思考的本领。曾经说过的“一专多能”“内涵发展”“综合素养”等已不再是将来时，而是现在进行时。教育的发展、教师的成长、学生的成长，这些硬道理是既沉重又充满期待的时代命题，需要我们思考，同时必须行动起来去小步破解。

织染局小学是东城区一所办学规模较小校，在岗干部、教师30人，学生90%为随迁子女，他们是现在的北京人、未来的国际人。每天和什么样的老师朝夕相处，决定着孩子们在受怎样的教育。正所谓“一个好校长是一所好学校”“一群好老师就是一种好教育”。

东城区的精品特色战略，蓝天工程实践活动，我们学校的“同在蓝天下，请学生享受知心教育”办学理念。无不想让学生受到好的教育。虽然我们的知心教育还处在启动期、朦胧期、激情期，但我们清醒地认识到，整体全面提升队伍质量是学校的根本。为此，学校创立了“知心教师智慧育人”和“内炼素质外炼气质”两个系列培训，随着教委和研修中心“教师也需要蓝天工程”这一理念的提出，我们深入思考，开始了学校层面主动且能为的行动。培训内容更广泛、更开放，在教师的职业旅途上，将活跃的教师蓝天工程视为快乐的元素。在开悟中提升理念、改变行动。

一、校长职业领航是教师蓝天工程的质量保证

结合队伍状况和学校发展的需要，校长要成为培训的重要推手甚至是主角，我借用全体会议时间，只要发言必进行主题培训，做到多种结合：

结合自己教育理想——主题沟通

结合社会思潮舆情——不断引导

结合队伍现实水平——案例辅导

结合日常工作管理——抽丝剥茧

如：以身边发生的两个具体案例为切入点进行《职业讲操守专业讲技术》主题讲座；《更新理念重在实效》、《成就一生好习惯》、《迁移羽化成蝶的催化剂》《细节体现规范》、《讲究标准，是责任，也是信仰》、《站得高与看得远的哲学思考》《有限的时间做有效的事》、《世界上最伟大的四个教育原则》《抱怨报复抱负》《向智慧工作着的教师致敬》等讲座，无不影响和激励着老师。再佐以和每一位干部、教师日常的促膝谈心（包括说课指导，让更多的人参加等），将校长的教育理想与教师的职业憧憬进行实时的碰撞，不断点燃教师内心的职业激情。同时，校长要充分利用校内校外资源，把握培训主旨，将各个层面的培训和活动统领在一个旗帜下，沟通协调，进行情绪调动，让培训快乐起来，有意义起来。让老师们懂得教师蓝天工程丰富多彩，但专业发展，

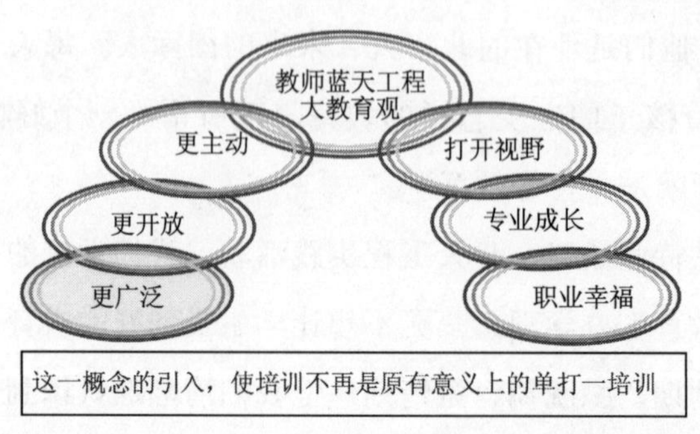

这一概念的引入，使培训不再是原有意义上的单打一培训

职业幸福是主旋律。

二、教师幸福成长是教师蓝天工程的质量核心

我们的基本想法是：

首先，通过教师蓝天工程，让学校教师树立起“大教育”观，从时间、空间到内容上改变对课堂的认识，从单一领域走向综合领域，实现学科贯通、学科融通、跨界融通，提升教师的职业能力。

其次，利用校内外一切资源统筹整合、协同作战，让每一位老师懂得我们坚守校园但必须走出校园。教师蓝天工程中的主角是自己，参与时培育老师各取所需的能力。

我们的基本做法是：

1. 打开专业视野

关注捕捉业内活动机会，借劲长劲。“魅力教师经典课堂”，《全国名师》的风采，“京城杯”，青年骨干教师培训班，各种论坛交流，学区深度联盟活动，课程志愿者活动……逢机会就出去，看看别人在想些什么、做些什么。

让教师与业内专家相伴，提升专业素养。与有学问的人接触互动。学校邀请特级教师及专家为教师长期作专题培训，每周活动。如：学校聘请数学老师柏松林走进学校指导青年教师课堂教学；聘请作文指导专家范仲华老师指导习作教学；赵之林老先生进行零距离手把手教教师朗读，懂得好的朗读是对文本的最好解读；用朗读进行备课，是更细致、有效的备课方法。

自我修炼自我成长。学校还开展一系列活动，如每周二的粉笔字培训、定期的心理培训、校级质量分析、评教评学反馈、校内知心杯赛课、读书交流、行政导航课等，让青年教师炼劲儿长劲儿走正路，并将活动全部纳入“知心教师智慧育人”系列。

读书美容坚持做。学校的全体会议时间每次都有“规定动作”。《哈佛家训》一书共计 164 个故事，整整伴随了大家三个学期，很好体现了学校精神。在阅读中丰富了老师们的思维，开启了自己的教育智慧，培养了全体干部、教师的阅读习惯。目前，学校正在阅读《跟心理专家学心理》一书，在学习一些现代心理学知识的同时结合“知心教育”特色追求，使干部、教师更好地成为学生的

朋友。

2. 体验跨业魅力

与行外人士交流互动。学校邀请老师聆听著名演员杨立新的《聊聊话剧》讲座；邀请安利公司的首席化妆师花欣女士为教师讲授如何通过职业妆凸显个人气质；邀请北京乐恩嘉业体育发展有限公司活动部的马伟伟老师介绍定向越野项目；聆听和感悟松堂关怀医院李院长和高艳华护士的"生命哲学"；请杂志社的老师讲解红酒知识；让教师深刻体会到在事业中塑造阳光形象、让阳光形象成就教育事业、提升教师文化品位。

行内人做做行外事。我们请黑芝麻胡同小学体育老师讲茶艺；请语文教师做历史讲座；请大队辅导员说说心理；还将请信息老师说电影欣赏；请劳技教师讲礼仪；请校医讲书法；请体育老师学街舞；请数学老师学摄影……就是想培育老师和让老师懂得爱好的重要，用教师现有专业素养和个人特长去影响身边的人。一句话，身边的教师一样是教师蓝天工程的重要资源。

与志愿者合作，感受志愿精神。学校邀请教师走进志愿者课堂聆听《我们的城市》《我们的世界》《农识课》并作好记录，以课堂纪实的形式丰富教师的视角。

3. 乐山乐水养心性

请老师走出去，放松心情，感受美好生活，对教师心理健康、职业幸福有着不可替代的作用。

不可小视兄弟校间的走动。两年中，我们的干部、教师先后四次走进新鲜胡同小学。走访黑芝麻胡同小学、金台小学、革新里小学、西罗园池学、和平里第一小学、遂安伯小学、青年湖小学，游历二中……

远近结合以近为主。我们曾卸下一天工作的疲劳，漫步后海、南锣鼓巷，在古老的胡同中欣赏相声……"走进传统街巷，欣赏传统文化"活动活跃了教师生活。两年来，我们游历了爨底下村，在岳氏山庄放松身心，感受青龙峡滑草的刺激……

在教师蓝天工程的引领下，我们涵养着：教师蓝天工程为教师们营造了良好的教育生态环境，它在隐性和显性两个方面无时不对教师产生着影响，这种影响折射出来的就是学校的办学理念和特色追求，就是教师专业化可持续发展的内力和能力。老师们在教师职业道路上吸吮着雨之精华。

通过教师蓝天工程的牵引，通过学校两大系列培训，织染局小学干部、教师正在发生着可喜的变化。刚刚完成的综合评价反馈表明：织染局小学教师教学的自信度有较大幅度的提高，干群关系融洽，有幸福感。

如果我们的教师由内而外显示出专业成长和职业幸福，一定意义上折射出教师蓝天工程良好的出发点和归宿。心态变了、视角变了，教师在自己的职业道路上就有了光荣绽放的可能。

学校文化建设中的“大”与“小”

校园环境的熏陶是学生个性发展的重要渠道，一方面它促进了学生感性自我的发展；另一方面，它促进着个性生存与发展的协调平衡，促进着创造性的发展。校园环境美的意义不只停留在美，而在于其强大的美的熏陶和同化力。就像“润物细无声”的春风化雨，它潜移默化着人们的心灵，丰富着学生的审美能力和情趣，使学生的个性得到不断的完善和丰富。

一、走进美术教室，感受善行文化

现代社会绝不仅仅需要培养高分考生，一个人的综合素质、一个人的情操素养，往往比知识本身更能决定一个人的幸福度和走向社会的适应能力。艺术教育是学校实施美育的重要途径。我校美术教师认为，美术课堂教学的艺术性。一方面，需要提高自我的素质；另一方面，教师需要修炼自身的教育姿态和健康的心态：耐心、从容、期待、悠闲、优雅、细节等，而这些就在平日里的一言一行中影响着学生。需要努力减少教育的浮躁与功利。

艺术对青少年的成长具有决定性意义。艺术不仅能表达感情、使人的创造性冲动得以最大施展，而且能提高学生的洞察力、理解力、表现力、交流能力和解决实际问题的能力。艺术教育不仅仅是传统认为的艺术技法的教育，而且是一个开发智慧的复杂系统工程。曾经有人做过实验，人在轻松自在的环境中更容易激发创作灵感。因此，为了更好地鼓励学生的创造性活动，亲切的课堂气氛是很重要的。同时，恰当的音乐也能起到良好的作用。在创作绘画时，孩子们伴着优美的音乐、怀着对美好事物的美丽憧憬，使美术课堂呈现出浓厚的文化氛围。

美术教室中的小金鱼，使学生懂得热爱生活、珍惜生命，学会寻找和培养生活的情趣，感悟生活中的美。当听到学生说鱼缸里的小金鱼使他们感受到高兴、欢快，看到了快乐、自由、幸福……我想，这是因为教育注入了情感，注入了诗意，注入了美的力量，从而使学生获得了幸福的能力。每天，我和学生们就这样不知不觉地沉醉于艺术带来的欣慰和快乐之中。

美术教室中的绿色植物营造了美的、有生机的环境，使学生树立了爱护植物、保护大自然的意识，无声地告诉每个学生用心呵护生命，明白做事贵在坚持，知道并懂得如何欣赏美，从而获得感受美的能力。从中感受到美的事物就在一花一草之间，就在我们生活的空间里。教育是些潜移默化、潜滋暗长的东西，并不是立竿见影的工作，所以，要有足够的期待、足够的耐心。作为一名教师，在教育教学过程中更要有所发现，捕捉更多的教育瞬间，有所用心，慢慢去做。教育并非局限在课堂教学，需要处处留心教育资源，关注教育对象，以等待的姿态倾情投入教育，时刻关注生命的成长。努力创设有魅力的善行文化育人空间。

二、走进美术学科，感受善行文化

美术教室外墙壁上简明扼要地介绍了国画瑰宝与书画知识。为了在美术学科中推进学校善行文化育人点的功能，在教学中通过广泛的文化情境使学生认识美术的特征，了解美术表现的多样性以及美术对社会生活的独特贡献，形成热爱祖国优秀文化传统和尊重世界文化多样性的价值观。第一，通过学习使学生了解中国特有的文房四宝的有关知识。第二，鼓励学生积极参与美术欣赏活动，主动收集、了解中外美术作品及重要美术家的信息。第三，学会欣赏和尊重不同时代和文化的美术作品。

在实施中，通过课件欣赏、讲述、交流使学生了解中国特有的文房四宝，包括造型、纹饰、式样等方面的知识，感受中国古代文人独特的文化修养、审美意识和思想情操。通过欣赏名家作品，激发学生对祖国传统文化的兴趣，萌发学习中国传统文化的愿望，使善行文化育人点发挥应有的作用。

结合校园内的古树及古建筑，在教学中通过了解我国古代建筑艺术的辉煌成就和灿烂的历史文化，引导学生树立爱护古树的意识。了解生活中“古树”这一自然造型的独特美。了解古树的相关知识。让学生与生活贴近，拉近艺术作品与生活的距离，使学生们更加热爱我们的学校。培养学生用画笔记录生活中所见所闻、表达自己情感的能力。培养学生善于在身边、在生活中发现美、捕捉美的能力，鼓励艺术表现，激发艺术创造表现美的欲望。不管学生的作品显得夸张还是平淡、细腻还是粗犷、热情还是宁静、奔放还是含蓄，它都有内在的含义，是学生思维创造性的结晶，是学生心灵的反映。在教学中我从来不随意扼杀学生作品里所体现的与众不同的东西，因为美术不同于某道数学题，只能有一个答案，美术作品的美具有多样性。这样做，同学们自然会变得更大胆，然后更充分、更主动地用自己的绘画语言与外界交流，这样才会给学生的艺术表现提供一个有利的条件，推动知心教育与善行文化前进的步伐。

三、走进知心校园，感受善行文化

自北京市公布了“北京精神”后，校长立刻结合学校现阶段的发展态势和全校师生的内在精神反映，通过深思熟虑、反复酝酿，使之成为学校文化的重要内容，诞生了织染局小学学校精神：用心——织染局小学精神的核心；坚持——织染局小学精神的品质；真诚——织染局小学精神的基础；有为——织染局小学精神的动力。学校精神成为学校文化的核心，进一步凝聚力量，用以激励全校师生健康发展。

织染局小学结合“学会选择，善行天下”校训，立体构建善行文化，为培养国际化、现代化和社会所需要的合格人才奠基。为了进一步发挥学校善行文化建设对学生的影响作用，2011 年 2 月 13 日，织染局小学隆重举行“说善言、践善行”主题开学典礼暨“善行文化柱”揭幕仪式。善行文化柱上的 147 个“善”字词语相得益彰，正是践行〞北京精神〞和织染局小学学校精神的有力体现。织染局小学通过善行文化建设的整体推进，真正发挥校园文化在育人方面的作用，真正实现浸润式的知心教育。通过尊师爱生教育，进一步体现北京人的厚德品质。学校精神与善行文化柱一同推进着学校善行文化建设。

四、知心教育与善行文化同行

学校结合时代对人的发展需求，鲜明地提出了“同在蓝天下，请学生享受知心教育”的办学理念。追求“知心教育”办学特色，力图通过知心教师、知心校园、知心家长、知心社区、知心宝贝、知心课程的建设，整体性、立体化构建知心教育体系，坚定地走内涵式发展道路。在校园文化建设方面，结合校园善行文化育人点体系，丰富德育校本课程，充分发挥文化建设的育人作用，达到和谐育人的最高境界。学校的“物质文化”有大厅的壁画、文化石、绿化景点、茶艺室、教学楼、图书馆、教室、走廊的布置、校园网、黑板报、标语牌、广播、现代信息技术方面的设备设置等。学校的这些硬件，作为学校文化的物质构成都具备独特的风格和文化内涵，都能潜移默化地影响学校群体成员的观念与行为。学校的“精神文化”——校训、学术氛围、校风、舞蹈、音乐等演出，人文艺术讲座、演讲赛、运动赛、征文大赛等，这些丰富多彩的精神文化活动偏重于对学生精神方面的教育与养成，可以使学生产生自豪、崇高的冲动，而广泛的对外交流和社会实践又使他们不断地完善自我。学会选择，学会生存，学会学习，学会合作，学会创新，学会负责，成为人格健全、全面发展的学生，必将对学生的身心产生巨大的影响与塑造力量。

不通过美而进行的教育是困难的，而育人功能、休闲功能、政治思想教育功能、精神陶冶功能等也是通过美育功能来实现、起作用。学生有追求美、享受美的权利。我们的校园以其赏心悦目的舒适感，以其浪漫的风格节奏，以其对于学生自身兴趣的感染与诱发，以其无压迫性的自然景致，满足了学生自身兴趣的需要，成为学生乐于接近的东西。这就是尊重学生的个体生命，顺应时代的发展与要求。人民教育家陶行知曾说，熏染和督促两种力量比较起来，尤其是熏染更为重要。而善行文化就在我们的身边静静地发挥其重要的作用。

健康第一，重在行动常态化

校长　　　王凤岭
卫生老师　韩春燕

2010—2011 学年度对于已走过 52 年历史的织染局小学来说是发生根本性变化的一个学年度，有一些记录必将写进学校的发展史。就在这一年里，国家投入近 1500 万的学校抗震加固工程胜利竣工；老师们、孩子们、家长们在新的环境下尽享教育均衡发展的成果，精神百倍地举行了令人难忘的开学典礼，我们创造性提出了“同在蓝天下，请学生享受知心教育”的办学理念，启动知心教育特色追求；提出了符合时代要求的“学会选择，善行天下”的校训；围绕校训精心构建学校“善行文化”育人氛围；诞生了“教师成为乐学善教的知心人、学生成为善言善行的健康人”育人目标；通过督学室及专家的帮扶，明确了学校的办学目标——学生幸福成长、教师幸福育人知心型双幸福学校；通过一年艰苦实践，在思考“十二五”学校发展规划时，顺利生成了“努力成为东城区教育优质均衡发展的优秀学校”的发展主题，方向是成为典范；我们着重在队伍建设上发力，通过并坚持“知心教师智慧育人”“内炼素质外炼气质”系列培训，促进教师专业化发展水平的提升和职业幸福感的获得，促使老师完成从“旧我”到“新我”“痛并快乐”式的转变；我们力图构建“课程超市”式的知心校本课程体系，进一步凸显校园文化，积极主动影响孩子们的人生。在发展学校的同时，我们还以开放的胸怀办学，赢得了兄弟学校、家长和所在社区乃至相关单位和领导的好评。

我们学校虽小，但是我们探索办真教育的心却很大。“崇尚知心教育、奉献教育智慧，让人生与幸福同行”的共同价值追求正在逐步形成。

学校建有科学教室、音乐教室、书法教室、计算机教室、劳技教室、美术教室、录课室、心理咨询室、安全应急体验教室、电子阅览室、形体教室、体制测评中心和图书馆。学校操场面积 2247 平方米，学生人均运动面积近 10 平方米。

学校提出健康促进的观点：（1）孩子们的健康比什么都重要，因为健康状况将伴随他一生，而且对家人、对社会具有相当的影响力。（2）为了孩子的健康多做事情，把事情做实，且长期坚持。

根据学校特点，以健促观念为指导，围绕学校“同在蓝天下，请学生享受知心教育”的办学理念，落实知心教育，全面开展健促工作。

一、落实健康政策，是学校健促工作的保障

学校以校长任健康促校工作的组长，党政工团及社区干部、家长代表、学生代表任组员，定期召开研究有关学校的健康促进工作，把健康促进理念渗透于校内各项工作之中。

二、精心创设独特育人空间，推动健促工作的开展

学校围绕校训整体构建校园文化。走进大厅，以“善”为核心要素的主题墙时时昭示着文化方向；为配合“上善若水”这一最高境界追求，学校特意增加了不少水元素，让学校文化更加灵动。以楼层为单位，建设楼道文化长廊，并为此开设了楼道德育课程。

学校投资建设了目前全区比较先进的心理咨询室、茶艺休闲室和全市首家现代化的安全应急体验教室。

2011 年“六一”儿童节，学校礼仪长廊、知心长廊和文化石落成。

校医与后勤组联合，开学初对各个教室的灯具及学生用课桌椅配套情况进行监督检查，本学期对各个教室的学生用课桌椅进行了更新。

三、学校充分利用社会环境，提高健促效果

（一）学校的体育工作要成为特色发展的支柱

为提高干部教师整体健康意识，首先是提升体育教师队伍建设，并结合我校学生体质情况开展特色体育活动，将“体育锻炼一小时”变成自觉行动，成为学校特色发展的支柱是学校对体育工作的基本定位。

1. 体育教师充满活力，优化锻炼环境

规范和提升广播操、加强上课质量、教研工作，更新和完善体育设施和体育器材。学校建立了学生体质测试中心，每学期召开体育工作会，研究和推进体育工作。

2. 落实班级体育特色，让学生爱上体育

将班级体育特色纳入每天一小时的体育锻炼中，将毽球作为学校体育的特色项目，作为课间操的一项内容。无论冬夏，坚持每天长跑训练，营养不良的

学生积极参加体育运动，在快乐中强健身体。

3. 用心温暖别人的心

学校重视心理咨询工作，心理教师定期组织学生进行辅导活动。

（二）工作中体现健康促进，充分开展特色的育人活动

1. 与学生发展评价紧密结合

充分发挥学生自我教育的功能，通过在学生中开展“综合素质评价”、“身边榜样”的评比、“成长增值卡”填写活动，使学生看到成长，不断进步。让评价手册真的“动”起来，走出了一条三重在、三原则（以人人都是德育工作者为基本原则；以鼓励每一个学生积极上进为核心原则；以做“善言善行健康人”育人目标为最高原则）、三结合（坚持过程评价与阶段评价相结合；坚持自我评价与他人评价相结合；坚持学生主体与教师主导相结合）的“三三三”特色实践模式。我校被教委推荐候选为北京市先进单位。为了学生的全面发展，我们认真落实“2+1”工程，开设了12个兴趣小组，和校本课程一起打出组合拳来发展学生个性。

2. 与蓝天工程、社会大课堂密切结合

先后开展了“善待生命 关注消防”安全讲座、演习、走向社区、走进美术馆，引入公益演出团队、学生才艺展示等活动，不断提升学生的综合素质和自我教育的能力。

四、学校与社区关系日益密切

（一）知心宝贝，走进社区，服务社会

一年来，学校组织学生积极参与社区活动，让孩子走进社区，展示在社区、服务于社区。

社区领导也经常走进校园，了解学校工作，传递学生在社区的表现，更为我校周边的安全工作创造条件。

（二）知心宝贝，献出爱心，帮助他人

学校以弘扬善行文化举行了“知心宝贝奉献爱心”系列募捐活动：为西部少数民族小朋友捐献一本好字典、为贫困同龄人捐款……

校红十字会小组也做到活动有计划、有内容。

五、努力提高个人健康技能

（一）上好健康教育课是基础

校医充分利用卫生园地和每周四的卫生广播，向全校学生宣讲卫生知识、健身防病小常识，播放视频短片，对学生进行健康知识教育。新学期开始，将校园化分成四个卫生清洁责任区，师生共同创造优美环境。

（二）带动家长逐步提高学生个人健康技能

我校外籍户口学生较多，有的学生家庭环境较差，有的家长整日忙于生计，对学生健康卫生的重视程度不够，每天晨检校医、教师、红十字会会员检查学生的头发、指甲、面部、衣着是否整洁卫生，教师还备好指甲刀，随时为学生修剪。

（三）严格传染病管理制度

校医通过广播、墙报、家长信，宣传预防传染病知识，提高防病意识。

学校严格落实晨、午检制度，做好学生每日一报；对教室及专用教室进行消毒。发现疫情及时隔离，根据传染病上报程序上报，做好疫源地消毒。由于领导的重视和各位老师的共同努力，我校几年来没有出现聚集性疫情的发生，受到上级单位的表扬。

（四）食品安全重在认真

每学期初学校主管领导和主管安全的负责人以及校医、家长代表、学生代表一起到送餐公司制作点进行考察。校医随时检查食品留样，并做好留样记录和检查食品安全记录，学生食谱与用餐照片及时上传校网。学校营养餐质量受到家长、师生认可，未出现食品安全隐患，未发生食物中毒事件等。

六、积极做好学校健康服务

（一）关注教师身心健康

每学期心理教师面向全体教师进行心理疏导讲座，定期组织教师体检。

学校投资 15 万建起茶艺休闲室，投资近 10 万建成师生共用的心理咨询室，教师们可在此小憩、品茶、看书、赏鱼、按摩等。

工会创立具有特色的毽球队、合唱队，精心策划各种活动，组织开展了“用巧手扮靓生活”、“百变魔方，启迪智慧”等活动；请美容专家进行讲座等。

（二）关注学生健康

本学年，学校组织了一至六年级学生到区保健所体检。校医对学生体检结果进行了分析和评价，并将体检结果及时反馈给家长，做好学校常见病的预防和干预工作。

预防近视眼方面，我校大力宣传预防近视工作。按标准定期调配学生课桌椅；每班设立一位坐姿提示员，动笔写字就提示；每日三遍眼保健操，眼操广播后增加闭目瞑想和远眺项目；校医加强巡视与检查力度，提高学生眼保健操的正确率。每学期对新生、红十字会员、教师进行眼操培训，进行校级眼操比赛。

重视肥胖工作，预防慢性疾病。给每位肥胖学生建立档案，创立了学生健身俱乐部，校医与体育老师为学生制定周末锻炼计划，请家长监督学生参加锻炼。

龋齿防治方面工作，根据我校的特殊人群，每学年坚持为学生查牙、治牙，配合保健所（口腔医院）做好学生的免费窝沟封闭工作。

在今后的工作中要加大对学生体质状况的监测力度，加强对体质薄弱学生的锻炼和对肥胖儿童的干预，加强对课外体育活动的管理。让学生在知心教育的氛围中健康、快乐地成长！

“小”学校蕴含“大”幸福

在东城区“品牌特色”教育战略实施中，有这样一所小学。他们身居胡同深处，却高擎“知心教育”特色旗帜；他们不言学校“小”，却立志办一所有思想的“大”学校；在教育优质均衡发展的时代背景下，他们抢抓机遇，向着“学生幸福成长，教师幸福育人知心型双幸福学校”办学目标奋力迈进，成为东城区一所闪亮的“新星”。它就是东城区现代化微型学校——织染局小学。走进织染局小学，驻足片刻，你就会感到它的与众不同——在东城区又一次与“真”教育碰面了。

让学生与学校文化亲密接触

“同学们，在咱们美丽的校园里，我们一起认识了校园中的文化墙、礼仪长廊、知心长廊，我们眼前又来到了哪里？”

“善行文化柱。”孩子们齐刷刷答道。

“今天，我们就走出教室，在这里上一节品德课，高兴不高兴？”

“高兴！”

“老师先请大家从文化柱上寻找自己熟悉、喜欢的词语，你们找找看。”

“老师，我找到了’善良’这个词。”“老师，我找到了’善举’这个词。”……孩子们寻找着、发现着。

“那谁能结合自己的生活经验解释一下这个词，或者用这个词造个句子呢？”

“李老师，我喜欢“善良”这个词，妈妈从小教育我要做个善良的人。”龚浩然同学认真地回答着老师的问题，”“我觉得善良的人就是心地好的人，就是能主动关心爱护别人的人，是与人为善的人。”

“那你是按照这个标准做的吗？”

“我平时与同学非常和气，同学有困难我会主动帮助，我觉得我还行！”

“你真棒！看，善言善行其实就在我们身边。每个人都有机会说善言，做善行，成为一个善良的人。”

……

织染局小学的孩子们一开学，惊奇地发现学校教学楼原来的普通门柱变漂亮了，上面镶嵌了不同字体的带“善”字的词语。更没想到的是，他们将在这里与这些词语“亲密接触”。

“这是我们学校新建的善行文化柱，它的建成标志着学校善行文化建设进一步完善！校园博物馆中，孩子们又多了一处与文化对话的地方。我始终认为，学校文化建设不能是摆设，要充分发挥它的育人作用，而作用的充分发挥必须与课程紧紧结合起来，才能使我们的孩子更具区域特色，为孩子终生发展奠基……”织染局小学王凤岭校长娓娓道来。

“您能结合善行文化柱具体谈谈吗？”

“刚才您看到的是品德老师在这里现场上品德课，我们的书法老师要到这里讲书法，数学老师要到这里讲估算，美术老师在这里带领学生写生，甚至科学老师要在这里给孩子们讲钢与铁的区别。一句话，我们请老师和学生一起，在善行文化建设中寻找育人点，进行整体构建，走进课程，因为课程文化是学校文化建设的核心表现形式……您看！”，顺着校长手指的方向，我们看到了镌刻着“知心”“善行”字样的文化石，看到了设计独特的“知心长廊”“礼仪长廊”。

“我们的教学楼里，结合不同年级，从善待自己、善待他人、善待社会和自然进行立体建构，孩子们每个月要在楼道里上一节课，结合相关提示，师生互动完成。”王校长边走边说。“学校还有两处是学校善行文化建设可圈可点的地方。一个是心理咨询室，一个是安全应急体验教室。”

宽敞的心理咨询室非常吸引人的眼球。“我们的大队辅导员每周在这里配合着教育教学和自己发现的问题，及时对学生进行心理辅导，这里的按摩椅是我特意添置的，老师么按照课表空余时间到这里来按摩。我就想让老师们在紧张的工作之余来这里放松，寻求点儿幸福。我觉得，老师们幸福了，身心愉悦了，孩子们就有了幸福的可能，因为老师的情绪无时无刻不在影响着学生。教师的幸福感很重要。”

来到安全应急体验教室，这里的一切让人觉得不可思议！“这里现在成为孩子们的品德课专用教室，就像安全应急体验教室一样可能也是首创。现在我们每一个孩子都知道各种应急电话该怎样打，都会结绳逃生！”王校长自豪地说道。

装备齐全的专用教室，神采奕奕的教师。教育优质均衡发展在东城区织染局小学得到充分的诠释。

“学校是怎样想到通过善行文化对学生进行善的教育的？”

“这还要从我们的学生特质谈起，从我们的校训谈起。织染局小学即将迎来55周年校庆，现有学生230名，其中207名学生是来京务工随迁子女，占学校总数的90%，他们来自全国28个省市自治区，由包括汉族在内的9个民族组成，而且绝大部分家长在北京从事着较低端的生产劳动，生活环境和条件都不尽如人意。这是学校发展的最大实际，孩子们打开家门看到的是繁华的都市，关上门看到的是拮据的生活，心理落差可想而知。不了解到这个实际，纵使我们提供再好的教育环境，可能教育效果仍会事与愿违。怎么让孩子顺利融入社会，成为健康的北京人、未来的国际人？结合时代发展和个人发展规律，我们确立了‘学会选择，善行天下’的校训。让我们的孩子从小初步具备‘对不对、值不值、行不行’的选择路径和能力，为他们未来的幸福人生着色。在这样的校训引领下，立体构建起了学校善行文化。”

让学生在“课程超市”中行走

“铃铃铃”，伴随着上课铃声的响起，学生们翘首企盼农识课开始了。五年级教室中的30名学生来自不同的年级。他们一个个睁大了眼睛，齐刷刷地向教室的前门望着，好像在等待一位神奇的人物。不一会儿，只见一位衣着朴素的“女老师”拿着一沓厚厚的纸走进了教室。有个学生一下子就认出了她！“啊！那不是四年级余龙雨的妈妈吗？”“她来干什么？她不是按摩师吗？”……学生们嘈杂的议论声丝毫没有影响到这位农识课老师，她操着一口流利的“川普”开始讲课了。“同学们，你们一定都吃过茄子吧？”

学生们异口同声地答道：“吃过！”

“看来大家都不咋挑食，都吃过茄子！”（学生们笑）“茄子是我们餐桌上十分常见的蔬菜。可是，茄子的品种和营养价值有哪些你们就不晓得了吧？”老师放下手中的教案，语重心长地说：“女孩子们，等你们长大了更要多吃些，因为它可以抗衰老，让你们永远漂亮。”女同学们笑起来，老师也跟着笑出了声……

您或许想不到，眼前的这位“老师”就是一位来京务工人员，她和其他五位家长又一次以志愿者身份走进课堂，开始了织染局小学特有的“农识课”。来京务工人员在织染局小学成为重要的课程资源。学校通过问卷调查归纳、提取、分类，确立课程项目，分别筛选家长作为农识课志愿者，走进班级授课，班主任全面配合，每周平开 5 节课，每学期不少于 5 节。同时再开 5 门课程，全校学生根据兴趣实行走班制。

“让课程文化积极影响孩子的未来，为他们的发展奠定生命的底色。依据学校知心教育办学理念，我们以‘资源综合利用’为校本课程建设理念，在三级课程整体推进的同时，着力打造丰富而动态的“课程超市”式的织染局小学知心校本课程体系。我们将立体建构农识课，将农识与营养健康结合，并开辟农识园，让孩子们亲自动手栽培，在孩子们心中埋下希望的种子。”王校长自信地讲道。

“校不在大，做精则名。”来到织染局小学走一走、亲身感受一下，你便会发现这所小学的不一般。学校提出的知心教育就像弥散在空气中的氧气一样，自然地走进每一个人的身体里，不知不觉，但却需要。东城区提出的教育优质均衡发展，让每所学校的精彩得到充分的彰显。两年来，几十家平面媒体、网络媒体和电视媒体相继报道了学校的内涵式特色发展，从一个侧面反映了学校整体办学水平的不断提高。这里的教育静悄悄，这里的教育沁人心脾。

知心教育育人有道
善行文化化雨春风

有着五十多年历史的北京市东城区织染局小学，位于皇城根遗址公园北端西侧。在教育均衡发展、内涵发展的大好形势下，东城区教工委教委投入巨资对学校进行了全面加固改造和装修。如今，学校即将回迁新居，经过修缮一新的校园也将成为东城区亮丽的现代化微型小学。借此机会，记者走进了学校临时校址，感受织染局小学的教育氛围。走进王凤岭校长的临时办公室，朴实却不失文化的雅致，一笔一墨，一花一画，都能感受到王凤岭校长对教育的用心。虽然王校长刚到织染局小学任职，但是谈起学校的发展，他却条理清晰地向记者展现了一幅“知心教育”的宏伟蓝图。

织染局小学地处北京城中心位置，学校142名学生中，外地学生占80%以上，家长中初中文化程度近80%，这些家长工作忙碌，无暇照顾和辅导孩子，但孩子身上同样承载着他们的寄托。织染局小学作为一所现代化微型小学，义无反顾地肩负起教育好这群孩子的重担，孩子们也在王凤岭校长打造的“知心校园”里健康成长。

打造一所具有文化符号的新学校

如果说文化是一个学校的品格，那么教育的精神便是学校的灵魂。品格的高雅与否，更深层次地源于学校内在的精神。浸染在文化气息中的学校，同样也需要一种精神，而这种精神足可以在质朴与严谨的深远意境中，将感性的发现与理性的辩析完美结合起来，使人在不经意间就受到感染，从而心灵澄静、志存高远。作为一所招收农民工子弟为主的学校，如何在新时期焕发出新光彩，这是王凤岭校长上任后首先解决的问题，他决心走一条知心教育特色之路。

王凤岭校长介绍，学校在继承的基础上，结合时代对人的发展需求，鲜明地提出了“同在蓝天下，请学生享受知心教育”的办学理念，“同在蓝天下”表达出对平等的期许和认识，“请”表达出对学生没有任何附加条件的尊重，更表达出教育者必须具备较高的专业文化素养和水平，有满腔热情为学生服务的本领，请每一位学生在这里充分享受教育过程中的成长快乐。学校追求“知心教育”办学特色，力图通过知心教师、知心校园、知心家长、知心社区、知心课程的建设，整体性、立体化构建知心教育体系，坚定地走内涵式发展道路。

学校积极探索人才培养模式，创造性提出“学会选择，善行天下”的校训，集中反映出师生终生学习、终生服务社会的生命价值取向。学校从善待自己、善待他人、善待社会、善待自然，善是可以感知的、善是可以传递的等多角度多层面构建起善行文化、知心文化育人环境。

新校舍建成后，学校还将建起以展示师生风貌为主的“知心长廊”，将每一位学生和教师的善言善行展示出来。据悉，这将成为北京市首创。“知心长廊”是学校知心教育的体现，更是“学会选择，善行天下”校训的必然要求，将成为织染局小学标志性文化符号。

构建一支具有文化品味的新队伍

王凤岭校长深知，要使学校迅速发展，光靠思想的引领是不够的，还必须有一支精良的教师队伍，有一支敢打敢拼的队伍。为此，学校提出构建知心教师队伍，努力为每一位教师搭建展现才华的舞台，这也使得学校涌现出一批积极上进的中青年教师，他们躬耕不辍，把赤诚留在讲台；他们呕心沥血，把深情留给莘莘学子。面对着打工子弟这群城市里的弱势群体，他们用不懈的追求实践自己的教育理想，用无私的情怀点缀着孩子们的星空。

王凤岭校长介绍，在构建知心教师队伍的过程中，领导班子共同商议，确定了主题为“知心教师 智慧育人”的系列培训。重视骨干教师的培养，锤炼精品课堂；促青年教师成长，打造优秀课堂；助全体教师提升，凸显课堂实效，使全体教师获益。通过“请进来”和“走出去”，做到校内的教学活动与校际的教学业务切磋结合，促进教师走内涵式发展。多形式的教学活动打开了教师的视野，提升了教师的认知，带动了教师的课堂教学。李芳老师在经过了几次实战之后深情地说道：“如今，天天在琢磨教学，找到了工作中新的兴奋点。”

针对学校学生打工子弟多的特点，王凤岭校长引导教师结合日常的实际工作开展科学研究，确立了“织染局小学学生成长背景调查及应对策略研究”，让教师真正了解学生，与学生为友。大队辅导员李谷壹老师创造性开展工作，为每一位队员设计、制作了《少先队志愿者手册》，组织孩子们走出校门，踏入社区，在志愿活动中了解自己生活的环境，也让社区的居民认识我们的“知心宝贝”。李老师设计并开展“温暖送给她”活动，引导孩子们自己制作贺卡送给每一位教师。小小的礼物、简单的任务，却凸显了老师对学生教育的用心与细心。

为了更好地开展知心教育，寒假中织染局小学的所有教师都领到了一份特殊的任务——查找什么是“知心教育”，如何开展“知心教育”。与往年不一样，每位老师对这次寒假作业都特别用心。王晨等一批老师还和家人们一起揣摩研究。开学后，学校又专门组织了学习讨论，从根处探源“知心教育”。青年教师王苗苗等感慨地说：“每一次主题鲜明的全体会后，我们的心都是激动着的，燃烧起了我们的事业激情。”如今，知心教育在织染局小学已经深入人心。

工作讲究方法，教育也一样，如何调动教师的积极性又不引起教师的反感，王凤岭校长自有一招：一条温馨的短信，一个激励人心的小故事，和教师们共同聆听话剧讲座，与老师一起工作到深夜，校长和行政干部常常和老师们互动交流，主题就是“内炼素质 外炼气质”。活动的开展，校长行为的示范，无一不敦促教师涵养自身的能量，以期做好一名知心教师……校长已经用自己的点滴言行博得教师们的信任。如今，他正进一步用文化引领来提高教师的文化品味，力争让每位教师在职场有所作为的同时充分享受职业的幸福感。

后 记

在整洁的校园里，师生们享受知心，感悟幸福；在和谐文明的校园里，师生们追求真知，善行天下；在快乐清新的校园里，师生们飞扬个性，展现自我……采访过后，这些画面深深地印刻在记者的脑海中。人们常说，教育需要智慧、需要仁爱。在织染局小学，记者始终被这里深深的文化氛围、智慧氛围、知心氛围、善行氛围所打动，更被这里干部、教师扎实做“真教育”的情怀所感染。我们相信，织染局小学回迁新居的那天起，将迎来一个更加敞亮的明天！

“小”学校成就“大”幸福

在一节看图写话课上，老师设计了“从整体到局部再到整体”的教学环节，充分调动了学生学习的积极性。一位来自新加坡的旁听生，也努力完成了课堂作业。家长在课后向老师表示了赞赏。

一节作文课能够得到外国学生及其家长的认可，这不仅是对老师工作的肯定，更是对学校教育工作的最高评价。这一幕不是出现在某所知名的小学，而是发生在东城区的一所普通学校——织染局小学。

走过 50 多年历程的织染局小学，由于近年来临玉河改造、六号线地铁建设等原因，周围居民搬迁，学校招生片内生源数量锐减。目前学校仅有 184 名学生，其中来京务工人员子女占 88%。面对这一现状，织染局小学并没有停止前进的步伐，学校在王凤岭校长的带领下，以小学规范化建设为契机，以“同在蓝天下，请学生享受知心教育”为办学理念，在继承中发展，在实践中突破，真正为师生的长远发展着想，将学校建设成了“学生幸福成长、教师幸福育人的知心型双幸福学校”。

知心校园　营造幸福氛围

学校文化氛围应该是生态的，是能够促进生命发展的，是充满生机和时代气息的。走进织染局小学，随处都会感受到一股浓浓的“幸福”气息。蓝白相间的校徽，如同翱翔在蔚蓝天空的大雁，向世人展示着自我的风采。

走进教学楼，门厅靠墙摆放着四米多长的鱼缸，色彩斑斓的鱼儿在自由自在地嬉戏着，为学生营造了一个灵动的世界。大厅展示着八枚瓷盘，瓷盘上绘制着取材于“二十四孝”故事的精美图画，展示着学校的“善行文化”。楼道内和教室内色彩鲜艳的主题墙，不仅装点着校园，也在向学生传递着知识。

学校还建成了心理咨询室。不仅要关心学生的心理健康，更为教师提供了释放压力的去处。学校还专门开辟了一个茶艺室，古色古香的环境能够使教师身心放松，这里给老师们备课、休闲时用。茶艺室外的操场上，摆放着立体中国象棋。棋子用特殊材质制作而成，课余时间学生既可以对弈，也可以“以棋为凳”坐在上面休息。

学校即将恢复的“礼仪长廊”曾是北京市首创。学校还将建起以展示师生风貌为主的“知心长廊”，这是学校知心教育的体现，更是“学会选择，善行天下”校训的体现，这将成为织染局小学标志性文化符号。幸福物语、幸福环境，这一切构建了师生和谐成长的幸福工程。

知心教师　插上幸福翅膀

王凤岭校长认为，没有幸福的教师就培养不出幸福的学生。学校应该专注教师的专业化幸福发展，使教师体会到探索教育、超越自我的幸福。织染局小学不仅将教师队伍建设放到了突出的位置，为教师搭建培训、交流平台，促进教师的专业化发展，还从生活上关心教师，使教师真正体会到“一手幸福工作，一手幸福生活”。

学校行政班子周一集体进班听课成为了一项制度。课后提出的改进建议和意见，提升了教师的教学水平和课堂质量。学校还举行了“知心教师 智慧育人”系列培训，通过教学质量分析、教学目标与尽职尽责主题培训等，全面提升教师的教育智慧，以实践促使“知心教育”特色的落实。

“内炼素质 外炼气质”系列活动也是织染局小学教师队伍建设的重要举措。请专家进校园、请教师走出去、和名家对话交流、校际同伴“一帮一”、“幸福阅读工作坊”等活动的开展，不仅开阔了教师的视野、促进了教师专业化发展，还改善了教师的精神面貌和心态。语文教师王晨非常感慨：“通过专家的引领和北京市骨干教师培训班的学习，我的教学水平得到了很大的提升，课堂气氛也更加融洽了。”荣洁老师也说：“专业成长迅速对我来说就是幸福。”

学校十分注重骨干教师的培养，积极创造条件帮助老师们实现自我成长。劳技教师赵雪丽外出进行区公开课试讲，王校长和教学王主任亲自到现场听课并给予指导。“从试讲到公开课，每一个环节，学校的领导干部都在帮助我，使我感到是我们这个团队在一起前行。”赵雪丽老师有感而发。

此外，在对青年教师的培训上，学校通过“传帮带”的形式，由有经验的教师进行一对一的辅导。学校在教师专业道路上的引领，使教师的学习更加主动。“现在，我更注重教学水平的提升，更注重教学上的反馈，学习的意识增强了。”音乐教师王苗苗说道。

近年来，学校十分重视教科研工作，以科研促进教师专业化发展，初步构建起学校课题群。王爱华主任谈道：“学校与北京教育网络和信息中心教研室积极展开合作，成为‘基于互联’的培养学生创新能力的课堂教学新模式研究课题实验校，这不仅帮助教师改善了教学方式，激发了学生的学习热情，提高了课堂实效，还在强化教师和学生的互动中真正实现了教学相长，培养了一支乐教、善学、能研的知心教科研团队。”

一个问候的短信，几句窝心的话语，一次京郊行，一场乒乓球比赛……织染局小学的教师们沉浸在幸福的包围中，并在校长的带领下不断锻炼自己幸福的技能，为这样的幸福续航。

知心宝贝 享受幸福教育

织染局小学在教育教学中以为孩子的人生奠基为己任，通过开展特色主题教育活动，开阔学生的眼界，塑造学生良好的行为习惯，使学生全面健康发展，幸福快乐成长。

为了丰富学生的课堂内容，调动学生的学习积极性，除了开齐开足原有课程外，织染局小学还积极推进学校课程改革，与国际青年成就中国部合作开设前沿的、具有国际视野的校本课程“我们的城市”和“我们的世界”。通过校本课程的学习，不仅使学生更加了解我们生活的世界和城市，还通过动手实践，培养了学生的自信心和创造力。

此外，学校还积极探索人才培养模式，创造性地提出“学会选择，善行天下”的校训，从善待自己、善待他人、善待社会、善待自然等多角度多层面构建善行文化育人环境，并尝试将楼道文化融入校本课程。

学校将教育意图融入到活动中，通过开展特色活动，积极引导学生树立目标，不断提高学习的自觉性和主动性，逐步养成好的行为习惯。通过开展“礼仪伴我行”、“捐出一瓶水 奉献一份爱”、“知心宝贝 心系玉树”等系列教育活动，使学生在活动中学会珍爱生命、关注他人、帮助他人。长期浸润在这样的氛围中，学生的行为在无形中受到了感染，并用实际行动践行着善行文化。

幸福不是挂在嘴边的口号，而是需要用心去感受、用行动去创造。在织染局小学，从校长到干部、教师，每个人都把教育当事业，不断地探索教育的真谛，努力实践着“真教育”。正如在采访中年轻教师刘姣和张与忱老师说的那样：“每天带着压力而来，满载幸福而去。”织染局小学这所小学校，不仅承载着教育均衡、同城同待遇这样的大责任，也承载起学生幸福成长、教师幸福育人的大幸福情怀。

“走进百姓身边的特色优质校”系列交流活动材料

一、办学理念

同在蓝天下，请学生享受知心教育。

解读："同在蓝天下"表达出对平等的期许和认识。"请"表达出对学生没有任何附加条件的尊重，更表达出教育者必须具备较高的专业文化素养和水平，有满腔热情为学生服务的本领。

二、办学特色

知心教育。

解读：知心教育是织染局小学结合生源特点和教师队伍实际提出的。学校认为，现代教育的全部起点在于于知心，过程在知心，归宿在于心与心的交流、思想与思想的碰撞。目的在于培养身心健康的社会人。

三、学校校训

学会选择，善行天下。

解读：学会选择，通过对不对、值不值、行不行的路径，让师生受益终生。善行天下，指明人活着的社会意义。

四、校长名言

教育机会无处不在，教育时机稍纵即逝。

五、学校奖项

学校先后获得：北京市健康促进校，北京市文明礼仪示范校，北京市学生综合素质评价工作先进单位，北京市教科研先进单位，北京市规范化建设先进单位，北京市"千优带队"先进校，东城区健康促进窗口校，区基础教育课程建设优秀成果一等奖。

六、综述稿件

织染局小学位于北京市东城区皇城根遗址公园北端西侧，即将迎来建校55

周年。学校占地3631平方米，操场2247平方米。在岗教师33人，其中党员18名，中学高级职称1锣鼓，小学高级职称19名，区级骨干3名，校级骨干8名，兼职教研员3名。学生90%为来京务工人员子女，分别来自23个省市，现有学生266名，是北京市城中心一所崇尚“知心教育”、营造善言善行良好育人氛围的现代化微型小学。

在教育优质均衡发展背景下，在北京市提出小学规范化工程背景下，在成为首批抗震加固、学校硬件全面跟进背景下，在学校新校长到任背景下，特别是结合学校90%生源为来京务工随迁子女、教师主体较少流动这个最大的校情，织染局小学抓住机遇、发展自己。实践证明，学校创造性开展工作，着眼当前与长远，高擎知心教育办学特色旗帜，方向是对的，促进了学校、教师和学生的发展，实现了多赢，社会声誉显著提高。

学校结合素质教育，吸纳兄弟学校办学成果和经验，在继承的基础上鲜明地提出“同在蓝天下，请学生享受知心教育”办学理念，通过一个“请”字，表达出教育人对学生独特生命个体的尊重与呵护。办学理念的提出，明确了学校的发展道路。

在办学理念指导下，学校原创性提出“知心教育”办学特色追求。知心教育是织染局小学结合生源特点和教师队伍实际提出的，学校认为现代教育的全部起点在于知心，过程在于知心，归宿在于心与心的交流、思想与思想的碰撞，目的在于培养身心健康的社会人。力图通过知心教师、知心校园、知心家长、知心社区、知心宝贝、知心课程的建设，整体性、立体化构建知心教育体系，坚定地走内涵式发展道路。“知心教育”办学特色的提出，解决了学校发展过程中举什么旗帜的问题。在特色旗帜下，学校开始扬帆远航。

学校狠抓队伍建设，结合办学理念和办学特色追求，高度重视小本培训，提出了“知心教师，智慧育人”“内炼素质，外炼气质”两大系列培训打造一支专业水平高幸福感强的高素质干部教师队伍。学校聘请教育专家，坚持周走进，月走进，坚持教师与教育名家亲密接触活动，感受大家风范，让“大家告诉大家”。

凝心聚力，共同探讨真教育，形成了“让学生成为善言善行的健康人，让教师成为乐学善教的知心人”正确的育人目标。

学校重视挖掘精神动力。通过群策群力，提出办一所“教师幸福育人，学生幸福成长知心型双幸福学校”为目标的学校。提出“努力成为东城区教育资源优质均衡发展的优秀学校“十二五”发展主题。结合北京精神的发布，总结出“用心、坚持、真诚、有为”的学校精神。形成了“崇尚知心教育，奉献教育智慧”共同价值追求。

织染局小学重视课程建设，关注教学质量，努力办人民满意的学校。时代的发展，要求校本课程建设有基础性课程的拓展，更有兼具国际视野的课程内容。为此，学校首先引进比较成熟的、由国际青年成就推荐的志愿者执教的课程。接着，学校积极联系学区课程资源中心，由专业教师执教。学校及时邀请专家进行会诊。织染局小学结合师资队伍情况，大胆使用社会教育资源，是典型的“社会资源综合利用”。专家的指导下诞生了学校的校本课程建设全新的重要理念，为学校的发展打开了一扇窗。在三级课程整体推进的同时，原创性提出“资源综合利用”的校本课程建设理念，打造丰富而动态的“课程超市”式的织染局小学知心校本课程体系。课程以“关注学生现实需要，为学生未来人生铺路”为重点；让师生在校本课程特色建设中共同成长，实现学生与社会和未来的对接；将学生培养成为善言善行的健康人、北京人、国际人。力图通过知心校本课程的开发与实施，促进学生个性更充分和更主动的发展，并体现出区域成长特质，让知心校本课程为学校注入新的发展活力，让知心教育有依有靠、有基有础。

学校重视校园文化建设，学校教室全部建成多媒体教室，其中建有现代化安全应急体验教室等 11 个专用教室。“知心”和“善行”两块文化石成为学校的校魂；“善行文化柱”上精心挑选的 147 个与“善”字有关的词语镶嵌于门柱上，每天迎送着学校的师生；主题墙彰显学校“学会选择，善行天下”的校训；楼层以“善待自己”“善待他人”“善待社会和自然”四个主题分层设置；“自由阅读长廊”给学生提供了放松身心、培养阅读习惯的好去处；学校“礼仪长廊”和“知心长廊”成为学校标志性文化符号，学校呈现出一派促进学生全面发展的勃勃景象。学校建成阅读长廊，开设“自由阅读课”，精心为学生选择童书，保证孩子每天一小时的阅读时间。

学校景观资源课程成为知心校本课程的亮点，课程发挥每名教师的创造性，将教师资源与景观资源结合，实现了校本课程的多元。学生在多元的校本课程学习中，在与学校文化的亲密接触中悦纳自我，拥有自信。

学校以“做走进学生心里的德育”为理念，坚持班级体育特色不放松，开展丰富多彩、重视活动过程的活动，培育志愿精神，将一切主题活动纳入“学会选择，善行天下”校训，学生养成教育和精神面貌发生了可喜变化。借力推进志愿服务，培养志愿精神。在上一年度吸引北京青年政治学院志愿者走进学校开展志愿活动的基础上，在团中央等上级单位的支持与帮助下，联系中国少年儿童活动中心、中央电视台团委、东城区直机关团委等单位的志愿者走进织染局小学。用社会志愿者的实际行动影响、带动少先队员，培养他们的志愿精神。

学校坚持“校不在大，做精则名”，在办“真”教育上下工夫，聚焦学生、聚焦老师、聚焦课堂、聚焦养成教育、聚焦学校文化建设。

织染局小学重视开门办学。将一切教育教学活动向家长和社会开放，展示学校发展，促进学校发展。学校网站建设成为宣传学校形象的重要窗口，两年的建设，目前点击量将突破10万。

学校先后获得北京市学生综合评价工作先进单位，东城区首批健康促进窗口校称号，参加教育部牵头组织的“身边的好学校”采编活动和北京市“网络媒体进校园——探访身边特色校”活动。

仅2011—2012学年度，学校活动先后两次在中央电视台新闻栏目中播出，两次在北京电视台新闻栏目中播出。多家平面媒体和网络媒介报道学校的健康发展，社会反响好，干部、教师、学生和家长感到十分自豪。

后　记

校长　王凤岭

北京市东城区织染局小学建校于1958年，是一所年轻的学校，今年迎来建校55周年。我很荣幸于2010年1月21日上午和东城教委刘藻副主任以及组织部王薇副部长一起走进了这所小学。从此，开始了我全新的工作。几年来，口头语已然从“织染局小学”变成了“我们织染局小学”或“我们学校”，这其中蕴含了无上的自豪感。

我常说，我和我的学校赶上了好时代。

我们学校的发展首先得益于国家教育均衡发展战略的提出。北京率先提出了“小学规范化建设工程”，为每所学校划定了新的起跑线。

其次，织染局小学的发展得益于北京市首批抗震加固工程的实施。国家投入近1500万元的抗震加固工程胜利竣工，配合着规范化建设，织染局小学面貌焕然一新。

再次，国家投入不断到位，学校文化建设越来越受到社会广泛关注，国家、地方和学校三级课程建设的同时推进，都为学校发展注入了强大动力。

最后，北京市特别是东城区加大了对校长、干部和全体教师的全员培训，不断夯实队伍的发展质量。东城区教育“十二五”提出“特色精品”发展战略，为学校科学发展、个性发展指明了道路。

在这样的大背景下，织染局小学很好地诊断了自己的优势和劣势，上下一心，将劣势转化为发展的优势和动力。我们学校虽小，但我们励精图治，着力解决举什么旗、走什么路、以什么样的精神状态、奔向哪里等问题。

由于发展思路清晰，再加上东城教委领导和各科室的鼎力支持，我们学校办得有滋有味，已经成为“北京市中小幼百所特色校”之一！

我还常说，几年来，老师们付出了无数汗水，跟我一路飞奔。是老师们成就了学校，成就了我！

这本书中的故事和文章不乏稚嫩，但体现着几个“真”。

首先是教师撰写水平的“真”！这里没有润色，没有夸张，除了错别字和病句几乎没有改动，体现了真实水平，没有拔高，因为我喜欢原汁原味。现在被拔高的现象比比皆是，远远脱离了教师的实际，不可取。

其次是干部们的点评水准“真”！学校行政人员全部参与故事点评，他们悟到了什么就写什么，有些意识流的色彩，我也很喜欢。点评做得很实，从一个侧面也代表了他们的理解水平，这个水平接地气。

最后就是学生的习作和情感很“真”！我的领导同时也是多年帮助我进步的骆汶同志告诉我，老师们的故事需要学生的作品予以支撑。我茅塞顿开，立即布置，因为正值假期，我请班主任通知班里有故事的学生写写我心中的老师，无需修改，两天内传到我的邮箱。真没想到，第三天我收到23篇学生习作！这里有三年级的学生，也有刚刚毕业的学生，让我很是激动了一番！我一篇一篇认真拜读，从中看到了学生的光辉，看到了与我朝夕相处的广大教师的光辉！他们真是太棒了！这本书出得值！

如果朋友们从这本书中读到了“真”且有些许收获，我心就安了。

书于2013年7月24日星期三下午